모리함,
인생을
담아드립니다

모리함,
인생을
담아드립니다

삶의 소중한 순간들을 환대하는 법

최나영 지음

위즈덤하우스

들어가며

우리는 문자를 발명하기 훨씬 오래전부터 삶을 기록해왔습니다. 동굴 벽에 새겨진 사냥의 장면, 바위나 나무판에 새겨진 수많은 염원들과 수학여행이나 놀이공원, 추억이 깃든 선술집 벽에 적힌 '철수♥영희 왔다감'까지. 모두가 저마다의 기억이자 존재의 표식이었을 것입니다.

시간이 흘러 종이가 발명되고 사진이 생겨나면서 기록의 형식들은 바뀌었지만, 그 기록의 이유는 달라지지 않았습니다. 손때 묻은 낡은 일기장, 빛바랜 졸업 앨범, 서랍 속 아직도 향기를 머금은 소중한 편지 한 장까지. 우리가 그것들을 남기는 일은 '나'라는 존재를 세상에 새겨두려는 마음의 몸짓이었을지도 모릅니다.

저는 2000년대 초, 스마트폰이 세상에 등장하고 모바일 혁신이 폭발적으로 시작되던 시절 IT 기업에서 일했습니다. 대한민국 사람이라면 하루에도 몇 번씩 열어보는 K-메신저 회사에서 기록의 자리가 벽에서 모바일 화면으로, 앨범에서 프로필 사진첩으로 옮겨지는 현장에 있었습니다. 그 기록은 즉시성과 공유성을 얻는 대신 때로는 촉감과 여운을 잃는다는 사실도 배웠습니다.

그렇게 플랫폼 비즈니스가 매일 새로운 기록을 세우던 그 빠른 세계 한가운데서, 저는 멈출 수밖에 없는 시간을 맞았습니다. 엄마와의 갑작스러운 이별이었습니다. 그즈음 누군가 제게 이런 말을 건넸습니다.

"하늘의 별들이 수명을 다해 폭발하면 그 원소들이 우주 전체에 흩뿌려져요. 그렇게 떠다니는 우주의 재료들이 모여 새로운 별과 행성이 되고, 우리들도 그렇게 만들어졌습니다. 당신은 우주의 아주 작은 존재가 아니라, 당신 안에 우주가 있는 거죠. 어머니도 어떤 날은 나무 그늘로, 어떤 밤은 별빛으로 당신 곁에 머문다는 것을 기억해요."

그 말을 들으며 생각했습니다. 우주의 영원한 시간 중에 우리가 지금 기억하는 건 찰나의 삶이기에, 우리는 끊임없이 기록을 남겨야 한다고요. 기록은 존재의 또 다른 방식이니까요.

우리는 생각보다 많은 기록을 남기며 삽니다. 서랍 깊은 곳, 오래된 상자 속, 휴대폰 사진첩…. 어딘가에서 이 모든 기록이 우리를 조용히 기다리고 있습니다.

이 책은 그 기록들의 이야기입니다. '모리함'에는 누군가의 사랑의 증표가 혹은 이별의 조각이, 평생의 신념과 시간이 스며든 기억들이 도착합니다.

우리는 그 물건들을 맞이하며 잠시 잃어버렸던 '천천히 정성스럽게 바라보는 일'을 하고 있습니다. 그 모든 시간들을 하나의 프레임 안에 한지를 곱게 눕히고, 풀을 바르고 나무의 결을 따라 숨을 고르며, 수백 년의 세월을 지내온 전통 표구 방식을 바탕으로 담습니다. 그 과정 속에서 우리가 담고 있는 마음 하나가, 또 다른 이의 삶을 보듬고 이어줄 수 있다고 믿기에 오늘도 우리는 기억의 이야기를 듣습니다.

이 책에는 실제로 모리함에 찾아온 의뢰인들의 사연이 담겨 있습니다. 책장을 넘기는 동안 당신도 언젠가의 기억을 마주하게 될지도 모릅니다. 만질 수 있는 형태가 아닐 수도 있어요. 코끝과 손끝에 남아 있던 향기나 온기일 수도 있습니다. 그럴 때 잠시 책을 덮고 멈춰서 그 기억을 바라봐주세요. 잊고 지냈던 위로를 만날지도 모릅니다.

모리함은 '당신의 이야기가 작품이 되는 곳'입니다.
이제, 그 작품들을 함께 보려 합니다.

차례

들어가며   4

엄마의 진주목걸이   10
깨진 찻잔   22
사랑을 잇는 가풍   30
꼬마 작가님들   38
살아가면서 만나는 처음들   48
네 장의 청첩장   58

모리함의 시작   64

이름에 대한 소고   76
안녕을 바라는 마음   88
사랑의 큐피드   98

위로의 방법	106
'나'의 이야기	116
사라지는 것들을 사랑하는 방식	126
사진이 우리를 기억할 때	134

모리함이 지키려는 약속	144

기억을 지키는 숭고한 손들	158
일상의 복원	170
유품을 위한 자리	182
퇴임에 대한 헌사	194
Mama Hold My Hand	202
평생 병풍	210
삶의 궤적을 함께하는 일	220

오감으로 확장된 기억들, 모리함 전시관	230

나오며	242
추천의 글	244

엄마의 진주목걸이

엄마는 갑작스럽게 세상을 떠났다. 병원에서 마음의 준비를 하라는 날보다 하루를 더 살았다. 2월 28일 하루를 꼬박 버티고 4년에 한 번 오는 2월 29일이 되는 자정이 지나고 숨을 거뒀다. 1960년 6월, 윤년의 푸르른 여름에 태어난 엄마는 다시 윤년의 마지막 하루에 생을 마감하였다. 엄마의 태명은 '윤대'였다. 어렸을 적 이모들이 계속 윤대라고 부르는 게 이상해서 엄마한테 물었던 적도 있다. 윤년의 해에 태어나 더 크게 자라나길 바라는 뜻이라는데, 윤년은 지구와 태양의 시간이 어긋나지 않도록 달력에 하루를 더하는 해라고, 꼭 필요한 날이라고 했다.

엄마의 죽음은 나의 온 세상이 바뀌는 일이었는데, 장례식장 밖 세상은 여전히 똑같았다. 2월 29일은 모두가 흔히 스쳐 지나가는 덧붙여진 하루다. 하지만 나에게는 우주와 인간이 약속을 다시 맞추는 중요한 해의 하루이자, 우리 가족에게 꼭 필요한 엄마와 아내 그리고 오랜 시간 어려운 곳에 봉사하며 베풀다가 간 착한 한 사람의 날이 되었다.

이모는 내게 말했다.
"참 윤대답네. 맨날 슬퍼하지 말고, 어쩌다 오는 날에만 슬퍼하라고 하나 보다."

남겨진 우리에게 엄마 대신 전해주는 말 같았다.

겨울 내내 엄마와 함께했던 시간들이 떠올랐다. 엄마는 몇 년 전 몸이 약해지면서부터 고향인 부산에 내려가셨다. 아빠와 결혼하면서 서울로 올라왔고, 엄마의 가족들은 모두 부산에 계셨다. 그러던 그해 겨울에 엄마가 갑자기 입원했다는 소식에 깜짝 놀라 부산으로 달려갔다. 그 뒤로 나는 매주 주말이면 엄마와 데이트를 하러 부산에 내려갔다. 데이트 장소가 병원인 게 진짜 별로였지만, 병실에 도착하면 굳이 엄마가 누운 좁은 침대에 찰싹 붙어 누었다. 내려받아 간 드라마도 같이 보고, 옆 병실 아주머니의 자식 자랑 레퍼토리도 함께 듣고, 희미해진 엄마 냄새를 맡으며 잠시 잠에 들기도 했다.

엄마는 사우나를 참 좋아해서 늘 뿌리던 샤워코롱의 장미향과 비누향이 났었고, 팔이 통통하고 부드러워서 그 팔에 매달리면 그렇게 포근할 수가 없었다. 그런데 어느 샌가 엄마의 팔에는 살이 없어지고, 향도 희미해졌다. 두려움이 몰려왔다. 바쁘다는 핑계로 서울에만 있다가 힘이 빠진 엄마에게 병실 데이트라고 하며 동동거리는 내가 너무나 부끄럽고 죄송했다.

그렇게 몇 번을 서울과 부산을 오가다가 어느 날 밤에, 엄마는 라면이 먹고 싶다고 했다. '라면을 생전 안 좋아하시는 분이?' 의아했다. 그래도 병원 밥을 계속 남기던 엄마가 먹고 싶다고 하니 사실 반가운 마음도 들었다. 불 꺼진 휴게실에서 엄마와 둘이 키득거리며 컵라면 하나를 나눠 먹는 게 그렇게 즐거웠다. 선생님 몰래 먹는 소녀들처럼 이렇게 먹으니 진짜 맛있다며 한참을 웃었다. 다음 날 퉁퉁 부은 눈도 좋았다. 그렇게 나는 다시 서울로 향했다. 기차 창밖에 스쳐가는 풍경처럼 후회도 끝없이 밀려왔다.

이튿날, 아빠에게 전화가 왔다. 엄마가 위급해졌다는 소식이었다. 사실 이날 병원까지 어떻게 갔는지 잘 기억나지 않는다. 유일하게 기억나는 건 도착했을 때 아빠 표정과 엄마의 힘겨운 한마디였다.

"바쁠 텐데, 딸… 뭐 하러 왔어, 엄마… 괜찮아."

울음이 터진 나를 의사 선생님이 불렀고 아빠에게도 설명했지만 따님한테도 말씀드려야 할 것 같다며 엄마의 상태를 이야기해주셨다. 병원에서 늘 들어왔던 건조한 언어가 아니라, 어렵게 말을 꺼내며 한참을 나를 마주하여 서 있는 의사 선생님의 모습 때문에 엄마 말처럼 괜찮은 게 아니란 걸 직감했다. 나는 겨우내 틀어막고 있던 두려움이 몰려와서 울음이 터졌다.

그리고 울음을 그치지 못하고 의사 선생님께 물었다. 엄마와 며칠 전에 라면을 먹었는데, 혹시 그것 때문에 엄마가 더 아픈 거냐고. 의사 선생님은 바보 같은 나의 물음에 대답해주셨다.

"가장 맛있게 드셨을 거예요."

10년이 지난 지금 돌이켜보면 해가 지기 직전 잠시 붉게 빛나는 석양처럼, 사람도 마지막을 앞두고 잠깐 기운을 내는 게 아닐까 싶다. 엄마는 진짜 라면이 먹고 싶었던 걸까,

그냥 딸과 함께 마지막 식사를 하고 싶은데 병원에서 고작 먹을 수 있는 게 라면뿐이라 그랬던 걸까…. 엄마에게 지금이라도 묻고 싶다.

그 뒤로 의사 선생님이 주변 가족들과 친구들을 부르라고 하셨다. 진짜 그렇게 하면 엄마가 돌아가실 것 같아서 하기 싫었다. 그런데 엄마는 점점 눈꺼풀이 무거워지고, 입술도 말라갔다.

친척들이 도착하고 결혼을 앞두었던 예비 사위도 왔다. 그때 엄마 눈꺼풀이 힘겹게 떠졌다. 그렇게 좋아하던 예비 사위를 보며 "누가 왔는지 봐봐, 엄마. 결혼하는 건 봐야 할 거 아냐" 하며 내가 엄마의 어깨를 흔들었더니, 엄마 특유의 장난기 섞인 표정으로 코를 찡긋거렸다. 나도 웃을 때 코가 찡긋거리는데 그 모습이 엄마를 똑 닮았다.

나는 그날 밤 엄마가 다시 기적처럼 건강하게 일어날지도 모른다고, 어디선가 본 '죽기 직전 기적적으로 살아나다!' 뉴스의 주인공이 우리 엄마가 될 수 있을까 봐 밤새 기도라는 걸 처음 했다.

그날 밤, 엄마는 등이 가렵다고 했다. 손가락을 살짝 구부려 손톱으로 엄마의 등을 살살 긁었는데 불편해 보여 손을 펼쳐 손바닥으로 천천히 문질렀다. 그러고 나서 엄마가 한결 편해 보였던 걸 보니 가렵다기보다는 아팠던 걸까 싶다. 사실 아직도 모르겠다. 어떤 고통이었는지…. 다만 나는 그저 등을 어루만지는 일밖에 할 수가 없었다. 어린 시절 나의 등을 어루만져주던 엄마의 사랑에 한참을 못 미치는 고작 그 하룻밤의 손길로 나는 진짜 기적이 일어나기를 바랐다.

2월 29일 자정, 시계는 계속 똑딱거렸지만 우리 가족의 시간은 그 자리에서 멈췄다. 병실에는 울음소리만이 가득했다. 그 뒤로 이어진 삼일장의 기억을 떠올리면, 지금도 숨이 막혀온다. 병원에서의 행정 절차에 이어 장례식장에서도 수많은 선택이 기다리고 있었다. 식장의 크기, 꽃 장식의 종류, 엄마께 올릴 음식, 수의와 관, 조문객들에게 대접할 음식까지. 준비되지 않은 죽음을 맞이한다는 건, 이렇게 한순간에 쏟아지는 선택 앞에 서는 일이기도 했다.

하지만 나는 그저 형식적인 장례식을 따르고 싶지 않았다. 엄마를 위한 장례식을 하고 싶었다. 무엇보다도 엄마는 꽃을 사랑하셨다. 그래서 하얀 국화 대신 엄마가 좋아하던 장미꽃을 가득 채우고 싶었다. 하지만 선택할 수 있는 건 하얀 국화가 1단인지, 2단, 3단인지 정도였다. 뜻대로 할 수 없는 게 많았지만 사진만큼은 엄마답게 하고 싶었다. 무표정한 증명사진이 아니라, 와인 잔을 들고 환하게 웃던 사진을 골랐다. 엄마와 단둘이 여행 갔을 때 찍은 사진이었다. 사람을 좋아하던 엄마는 그 자리에 찾아와준 분들을 빈손으로 돌려보내지 않으셨을 거다. 와인 한잔, 따뜻한 밥 한 끼라도 대접하고 싶어 하셨을 것이다. 그래서 엄마의 환한 미소가 담긴 영정사진과 서울에서 부산까지 와주신 분들에게 감사의 마음을 담은 작은 봉투도 준비했다.

장례에는 순서가 있었고, 슬픔에는 순서가 없었다. 식장의 크기부터 꽃의 단수, 수의와 관, 조문객의 음식까지 정해진 절차들은 정신없이 지나갔지만, 마음은 한자리에 주저앉아 스스로에게 되묻고 있었다. '엄마라면 이걸 좋아하셨을까, 아니면 싫어하셨을까?' 결국 내가 하고 싶었던 건 죽음의 절차를 따르는 일이 아니라, 엄마의 삶을 기억하는 일이었다. 그러나 아무리 애써도 준비되지 않은 죽음을 맞이하는 과정은 여전히 낯설고 마음 한구석에는 미처 다 하지 못했다는 아쉬움이 남았다.

장례가 끝난 뒤, 유품을 정리하는 과정에서 엄마가 좋은 날이면 예쁜 옷을 차려입고 환히 웃으며 하고 있던 진주목걸이와 엄마와 나를 처음 이어주었던 탯줄을 발견했다. 진주목걸이는 파란색 발레복을 입고 춤을 추던 나의 어릴 적 재롱잔치 때도, 가을에 가족들과 함께 떠난 피크닉 때도, 사촌언니 결혼식 날 결혼행진곡 피아노 연주를 하며 떨려할 때도 내 옆에서 응원을 해주던 엄마를 떠올리게 한다.

엄마가 잔소리할 때는 진주목걸이를 안 하고 있었던 게 다행이다. 그래서 진주목걸이를 보면 그날의 빛과 행복한 기억들이 떠오른다. 정말 신기하게도 엄마의 장미향이 나는 것도 같다. 나중에 내가 모리함을 시작하게 되면서 처음 만든 액자가 이 진주목걸이가 되었다.

그리고 작은 주머니 속에 보관된 나의 탯줄. 그 주머니는 내 첫 배냇저고리를 조각내어 만든 것이었다. 나는 그 존재조차 모르고 살다가, 수능 전날 저녁에야 엄마가 교복 치마 안쪽에 꿰매어주시며 알려주셨다.

"엄마랑 나영이가 연결되어 있던 줄이야. 엄마가 옆에 있는 것처럼 떨지 않게 해줄 거야, 부적처럼."

그 뒤로 탯줄 주머니는 내 삶의 중요한 순간마다 가장 강력한 부적이 되어주었다.

그렇게 우리 가족은 엄마를 기억하는 또 다른 방식을 만들었다. 엄마의 기제사를 치르며 엄마가 평소에 좋아하던 햄버거를 제사상에 올린다. 이제는 의미를 더해 제사 때마다 그해 새로 나온 신상 햄버거를 올리는 게 우리 가족의 작은 의례가 되었다. 남은 사람들의 슬픔을 지탱해주는 건, 정해진 형식이 아니라 그 사람의 삶을 함께 기억하는 일이란 걸 조금씩 알게 된 것이다. 그리고 우리의 기억 속에서 엄마가 사라지지 않고 존재한다는 것을 느꼈다.

시간이 흐르며, 예전에는 멀게만 느껴졌던 말들이 이제는 일상의 언어가 되었다. '그립다', '사무친다' 같은 말이다. 살면서 이해되는 단어들이 하나둘 늘어났다. 그래서인지 모리함에 그리움을 안고 오는 사람들의 이야기는 마음에 깊이 남는다. 우리는 각자의 액자와 이야기를 통해 서로의 그리움을 비추며 잠시라도 달래며 살아간다. 그리운 이들이 기억 속에서 오래도록 머물기를….

깨진 찻잔

"안녕하세요. 추억이 담긴 물건을 모리함으로 간직하고 싶은데 혹시 제 경우도 가능한지 궁금해 메시지를 남깁니다. 아끼는 찻잔이 깨졌는데, 너무 예쁘게 깨진 데다가 추억이 담겨 있는 물건이라 고민하고 있었어요. 마땅한 대안을 못 찾던 와중에 선생님께서 하시는 작업을 우연히 인스타그램으로 알게 되었습니다. 내용물이 찻잔 하나라 굉장히 작은 편인데요, 혹시 맡아주실 수 있을까요?"

메시지에서 따뜻한 차향이 나는 것 같았다. 며칠 후 모리함에서 만나 뵙게 된 의뢰인께 찻잔에 대해 더 여쭈었다. 더 정확히는 버리지 않았던 마음에 대해서 말이다. 아내와 함께 차를 마실 때면 가장 좋아한 잔이었는데, 아내의 손에서 놓치는 바람에 깨졌다고 한다. 예쁘게 다시 보게 된다면 놀랐을 아내의 마음도, 그런 아내를 보는 의뢰인의 마음도 좋아질 것 같다고 하셨다.

혹시 킨츠키*로 복원하실 생각은 없으신지도 여쭈었다. 찻잔에 고이 남은 찻물 자국을 물끄러미 내려다보며 이대로가 좋다고 말씀하시는 의뢰인의 목소리가 참 평온했다.

깨진 찻잔은 날카로운 조각이 튀어나오지도 않고 정말 반으로 동강 예쁘게도 깨져 있었다. 이렇게 섬세하고 얇게 빚어진 잔에 입술을 대어 차를 마시다 보면 잔향이 입술에도 남고, 잔을 들어 올리는 손끝에도 따뜻한 온도가 그대로 전해진다. 아내와의 추억들을 대하는 의뢰인의 따뜻한 마음을 고스란히 느낄 수 있었다. 의뢰인은 깨져버린 것을 억지로 되돌리지 않고, 액자에 담아내어 또 다른 추억 이야기로 이어 붙이고자 하셨다.

훼손된 미술작품들을 복원할 때면 가장 완벽하고 완전한 지점에 닿기 위해 노력한다. 찢어진 부분이 어디인지 찾

---

* 깨진 도자기 조각을 밀가루 풀이나 옻칠로 이어 붙이는 도자기 수리 기법. 깨진 선을 따라 금가루나 은가루로 장식해 아름답게 보수·수리하는 공예로, 상처를 감추기보다 남겨 새로운 아름다움으로 만들어내는 태도를 가리키기도 한다.

아볼 수 없을 정도로 정교해야 하며 그 부분이 다시 손상되지 않도록 더 보강해야 한다. 표구로 담을 때에도 형태나 간격 등이 1mm의 차이로도 다르게 보이기에 그 철저한 완전함에서 느껴지는 평온함을 감상한다. 하지만 의뢰인의 작품은 불완전하기에 더 아름다울 수 있도록 담아드리자고 다짐했다. 찻잔과 함께 기억되어야 할 추억들이 버려지지 않도록.

이후 완성된 모리함을 잘 전해드리고 의뢰인께 장문의 메시지를 받았다.

찻잔이 깨졌다. 차 마실 때 가장 많이 사용한 잔이기도 하고, 구매했을 당시 분위기나 기분 같은 것도 생생히 담겨 있어 여러모로 나에게 소중한 찻잔. 그것이 어느 날 깨져버렸다. 내가 너무 뜨거운 물을 붓기도 했고, 두께가 정말 얇았기 때문에 아내는 잡자마자 놓쳐버렸다.

그런데 이렇게 깨져버렸다. 정확히 반으로, 깨끗하게. 묘하다 싶었다. 어떻게 하면 이렇게 깨질 수가 있을까. 주황색 찻물이 밖에 비쳐 보일 만큼, 두께가 손끝에 느껴질 만큼 얇지만 알 수 없는 깊이감이 느껴지던 찻잔의 속이 처음으로 제대로 보였다. 겉으로 드러난 속내에는 무한함 같은 것이 있었다. 처음의 당황했던 마음이 놀라움으로 바뀌었다. 나는 이것을 다른 방식으로 사용하고 싶은 마음에 흥분하기 시작했고 며칠, 몇 주를 몰두한 끝에 '모리함'이라는 공간을 가까스로 발견했다. 세심하고 꼼꼼하고 정성스럽게 나의 이야기를 들어주셨다. 따뜻했다. 킨츠키는 하고 싶지 않다는 대쪽 같은 고집, 깨졌을 당시 찻잔 안에 담긴 차 얼룩을 남겨달라는 엉뚱한 요청, 깨진 조각들을 서로 어긋나면서도 반대로 배치하고 싶다는 나의 이상한 바람을 전했다.

그렇게 한 달이 지났다. 예약한 시간에 방문했을 때 그 시간에 맞춰 모리함의 대문 앞에는 나의 이야기가 작품이 되어 문을 열자마자 바로 보였다. 마중 나와 기다리고 있었다는 마음 같은 것도 느껴져 마침내 만났을 때 무척이나 기뻤다. 비록 다시는 찻물을 담을 수는 없겠지만 다른 방식으로 이 찻잔은 내 주변 어딘가에서 오랫동안 머물 것 같다. 오히려 예전보다 더 자주 들여다보고, 찻잔과 그것을 만든 사람 그리고 찻잔에 얽힌 많은 추억에 대해 이야기하고 싶어 마음이 자꾸 들뜬다. 찻잔이 깨지고 내내 미안해했던 아내가 보자마자 좋아해서 다행이었다는 건 보너스. 추억을 예쁘게 담아주신 모리함에 감사드린다.

삶에서도 깨진 찻잔과 같은 일들이 일어난다. 깨진 조각에 상처를 입기도 하고 누군가를 대신 탓하고 싶을 때도 있다. 미련과 억울함으로 되돌리려 애쓴 적도 있다. 하지만 때로는 이미 깨져버린 것들에 대해 있는 그대로 찬찬히 들여다보는 시간도 필요하다. 그러다 보면 더 설레는 다음 이야기로 이어 나갈 힘을 얻을 것이라고 믿는다.

의뢰인의 깨진 찻잔에는 다시는 차를 담을 수 없지만, 그 안에 오히려 새로운 이야기가 담긴 것처럼. 그 시간 중에 모리함이 함께할 수 있기를 바라본다.

사랑을 잇는 가풍

의복은 의식주 중에서도 많은 분들이 모리함에 의뢰주시는 것들 중 하나다. 배냇저고리, 돌복 혹은 직업을 상징하는 제복까지 그 자체로 상징성이 크기 때문에 의미는 물론 심미적으로도 근사하다. 무엇보다 사람의 몸에 가장 가까이 닿는 물건이기에 삶의 기억과 기도가 고스란히 배어 있다.

  하지만 의복을 모리함에 담는 과정은 꽤 까다롭다. 평면의 물건이기는 하나, 단순히 눕혀두기만 하면 납작한 화석처럼 오히려 생명력이 사라져 보인다. 옷이 가진 부피와 흐름, 입었던 이의 체온까지 느껴지도록 만들어야 한다. 그래서 우리는 주름을 잡고, 세워보고, 수십 번 수정한다. 때로는 구름 솜을 넣어 자연스러운 곡선을 살리고 멀찍이 물러서서 전체 균형을 다시 확인하기도 한다. 눕혀서 작업했을 때와 액자에 세워 걸었을 때 중력의 방향이 달라 생기는 미묘한 처짐까지 고려해야 하니, 작은 옷 하나에도 긴 호흡과 세심한 시간이 들어간다.

"이 돌드레스를 입었던 첫아이가 내년에 중학생이 되어요."

"중학생이요?!" 중학생 아이를 두셨다는 줄 알고 깜짝 놀란 내 마음을 눈치채셨는지 곧바로 이야기를 이어가셨다.

"제 남편이 삼 남매예요. 누나와 쌍둥이 형이 있는데, 저한테는 형님이죠. 형님네 첫째 딸 돌 때 입고, 둘째 딸도 입었어요. 그리고 저희 딸도 입게 되었지 뭐예요. 또 쌍둥이 형네 딸까지 입었어요. 이렇게 네 명의 아이가 다 세 살 터울이라 3년 주기로 차례차례 입게 된 거죠."

"약속처럼요? 와, 신기해요!"

네 아이의 첫 생일을 함께한 드레스는 양손을 활짝 펼치면 가려질 만큼 작아서 '아고공-' 귀여워 앓는 소리가 절로 나왔다. 액자를 두실 공간이나 의뢰인의 취향에 대해 여쭈었더니 의뢰인은 까맣고 깊은 눈동자를 반짝이며 말했다.

"제가 갖지 않고, 이번에 모리함에 담아서 시누 언니께 돌려드리려고 해요. 언니는 정말 대단한 분이에요, 이 가족의 평화가 언니 덕분이라고 생각하거든요."

나도 따라 눈이 동그랗게 떠졌다. 흔쾌히 물려 입히는 것도 멋진 일이라 생각했는데, 감사의 마음을 담아 이렇게 다시 선물하려는 마음이 감동스러웠다. 의뢰인의 이야기가 더 궁금해졌다.

의뢰인은 스물일곱 비교적 어린 나이에 결혼해서 새 가족들을 처음 만났을 땐 마냥 신기했다고 하셨다. 열 살 터울의 남동생이 있던 본인 집의 분위기와 다르다 보니, 다른 문화가 또 좋으셨다고 했다. 쌍둥이 남동생들이 결혼할 때마다 누나로서 챙기는 거며, 시어머니와 두 며느리 사이에서 시누이로서 해주는 역할이며, 어렸을 땐 몰랐는데 뒤돌아보니 그런 따뜻한 언니 덕분에 의뢰인 또한 쌍둥이형네 형님과 잘 지내는 내리사랑을 받은 것 같다고 하셨다.

"한 가족의 구성원으로 저만이 아니라 각자가 자기 몫을 해내려고 노력하는 걸 느껴요."

의뢰인은 이 액자를 매개로 언니에게 감사와 존경을 표할 수 있을 것 같아 기쁘다고 하셨다. 새 가정을 꾸리고, 새 가족을 만나는 건 어려운 일이다. 의뢰인의 말씀처럼 각자의 몫과 배려, 사랑이 있어야 서로에게 다가갈 수 있는 것 같다. 이 작은 드레스가 한 가족의 사랑의 표식이 되는 순간이었다. 이 액자를 보고 자라는 아이들에게 오랫동안 기억될 사랑의 가르침이기도 하다.

"혹시 막내가 또 태어나게 되면, 언제든지 액자에서 옷을 꺼내 드리겠습니다."

기분 좋은 웃음을 서로 나누며, 우윳빛의 실크 드레스가 더 사랑스럽게 돋보이도록 살굿빛 배경과 그에 어울리는 원목으로 정성스레 작업해드렸다.

또 모리함에 자주 의뢰주시는 의복 중 하나가 돌 한복이다. 돌 한복은 저고리, 조끼, 마고자나 당의, 머리에 쓰는 복건이나 조바위, 허리에 두르는 돌띠와 작은 버선까지 전통 복식을 따라 정성스럽게 지어진 경우가 많다. 할머니가 자녀에게 지어주신 30년이 넘은 한복과 그의 손주에게 지어주신 돌 한복을 함께 담고 싶어 모리함을 찾아주신 분도 있다. 의복은 몸을 가리는 기능을 넘어 한 집안의 전통과 기억을 이어주는 끈이 되는 것이다.

한복을 표구할 때 우리는 보이지 않는 속바지나 속치마

까지도 입는 순서를 따라 담는다. 복건이나 조바위는 실제로 쓴 모습을 연상할 수 있도록 배치하고 마지막으로 돌띠를 허리춤에 감싸듯 고정한다. 특히 한복은 곡선미가 돋보이도록 치맛자락을 펼쳐 정렬하고, 옷고름은 어색하지 않은 방향과 길이로 매만진다. 그렇게 해야 작은 아이가 웃으며 돌상 앞에 앉아 있는 모습까지 상상할 수 있다.

나는 이런 작업을 할 때마다 생각한다.
'오늘날의 가풍은 거창한 것이 아니다. 벽에 대단한 가훈을 걸어두지 않아도, 일상에서 서로를 대하는 태도와 사랑을 주고받는 방식이 곧 가풍이 된다.'

특히 지금처럼 개인화된 시대일수록 어른들이 보여주는 '사랑을 주고받는 방식'은 아이들에게 정신적 지주 역할을 한다. 옛날에는 부모가 붓글씨로 가훈을 적어 거실 벽에 걸어두었지만, 이제는 한 벌의 의복이 그 역할을 대신할 수도 있다. 모리함에 담긴 작은 드레스와 한복은 한 가족의 사랑과 정성의 표식이자 가풍의 기록으로 남는다. 다음 세대에 전해져도 결코 똑같이 다시 지을 수 없는 유일무이한 작품이 되는 것이다. 그래서 우리는 옷 한 벌에도 정성의 마음을 가득 담아 단단히 표구 작업을 마친다.

꼬마 작가님들

한남동의 작은 골목, 한남오거리를 지나 제일기획으로 이어지는 언덕 그 길목에 '모리함'이라는 이름을 내건 해가 2019년이었다. 공사 때부터 뭐하는 곳인지 궁금하다며 찾아오시는 분들을 만나면 꾸벅 감사하다고 인사했다. 예약이 없는 여러 날들엔 붙임성 있게 인사를 건넸다. 그러곤 "한번 들어오셔서 보세요" 하며 모리함 액자들을 보여드리고 액자에 담긴 이야기나 표구에 대해 소개해드리기도 했다. 정말 감사하게도 많은 분들이 초롱초롱한 눈으로 이야기를 들어주시고, 궁금한 것들을 다시 물어주기도 해서서 그렇게 매일이 성장이었던 것 같다.

물론 가끔은 시큰둥한 분을 만나기도 한다. 그럼 오히려 확신에 찬 말투로 말씀드린다. "모리함을 기억해주세요, 당장이 아니어도 어느 날에 오래 기억하고 싶은 일이 생기시면, 그때 꼭 모리함을 떠올려주세요"라고 말이다. 사실 이 말의 마법이 여전히 돌아오고 있다. 우리는 여전히 "표구라는 말을 처음 알았어요", "예전부터 알고 있었는데 마침 이번에 기록해야 할 게 생겨서 왔어요" 이렇게 말하는 반가운 의뢰인들을 만나고 있다.

그러다 보니 특히 그 한남동에서 첫해에 만났던 의뢰인들과의 추억은 여전히 나를 버티게 하는 힘이 된다. 그중 현우 작가님과의 만남을 매년 겨울쯤이면 꺼내보게 된다.

현우 작가님을 처음 만난 날이 여전히 생생하다. 색종이 접기를 무척 좋아하고 정말 잘하는 아이였다. 모리함을 처음 방문한 날 아빠와 함께 온 현우는 곧장 자기 손으로 액자에 넣고 싶은 종이접기들을 하나씩 꺼내어 보여주었다. 그러곤 장수풍뎅이와 왕사슴벌레의 구분이 어려운 모리함 이모에게 친절히 설명해주었다. 액자의 배경이 될 색도 직접 고르고 나무도 골랐다. 아빠는 그런 현우의 의견을 고스란히 지지해주며 한 발짝 뒤에서 묵묵히 바라보고 계셨다. 작업이 마무리되어갈 무렵, 아버지께서 조심스럽게 물으셨다.

"혹시… 크리스마스 전에 완성될 수 있을까요? 아이한테 선물해주고 싶어서요."

그 말에 나는 한 치의 망설임도 없이 말씀드렸다. "물론 이죠!" 산타보다 먼저 도착하게 해드리겠다는 다짐을 하며 그렇게 나는 액자 만드는 산타가 되었다.

좋아하는 색, 종이접기의 크기, 조합 그리고 현우 작가님이 귀띔해준 요청까지 하나하나 기억하며 작업했다. 종이접기로 만든 새우초밥 안쪽에 초록색 색종이로 표현한 와사비를 발견해서 감탄하고 조립과 분리가 되는 종이팽이 구조에 놀랐다. 아들은 둔 친구와 이야기하다 알게 된 사실은 예전이 깡깡 소리가 나는 쇠팽이나 깡통팽이의 시대였다면, 요즘 아이들은 현우가 만든 팽이처럼 생긴 스마트한 팽이를 가지고 논다고 한다. 경쟁 기록이 스마트폰으로 연동되고 아시아 챔피언십까지 있는 수준이라고 하니 격세지감을 느꼈다.

"너무 좋아해서 한번 시작하면 시간가는 줄 모르더라고요."

아버지께서 말씀하신 현우 작가님의 순수한 열정을 소중히 담아 예쁘게 완성한 액자를 잘 전달드렸다. 그리고 꼬박 일 년 뒤 크리스마스가 가까워질 무렵 현우 작가님이 다시 모리함을 찾아주셨다. "더 실력이 늘었어요!"라며 반짝이는 눈으로 들고 온 새로운 작품들. 키가 조금 자랐고, 종이접기를 좋아하는 마음도 더 커져 있었다. 그날 현우 작가님의 반짝이는 눈을 다시 보며 이런 생각이 들었다.

'아이들은 마음이 먼저 자라나 보다. 손은 아직 작고 말투도 서툴지만, 좋아하는 것이 생기면 온 마음을 다해 빠져들고, 좋아하는 사람에겐 가장 소중한 걸 아낌없이 내어줄 줄 안다. 오히려 내가 크리스마스 선물을 받고 있는 건 아닐까?'

모리함에서 또 한 의뢰인을 만났다. 일곱 살 딸아이의 아빠라고 소개하신 의뢰인은 주먹 한 줌에 들어가는 몽당색연필을 꺼내셨다.

"딸 민채가 그림그리기를 가장 좋아해요, 긴 색연필이 몽당연필이 되도록 매일매일 그림만 그렸어요."

연신 따님 생각이 나시는지 입가엔 미소가 번져 있었다.

"그런데 뭐 천부적인 소질이 있는 것도 아니고, 커서 화가가 되고 싶은 것도 아니래요. 그냥 그림 그릴 때가 가장 행복하대요. 그래서 그 행복한 시절을 엄마 아빠가 간직해 주고 싶어요."

의뢰인은 손바닥 위에 한 줌 놓여 있던 몽당 색연필들을 바닥에 펼치며 말을 마치셨다. 즐거워하는 민채를 바라보며 색연필이 작은 민채의 손가락보다도 더 짧아지는 동안, 수백 번 가지런히 연필을 깎아주었을 부모님의 정성어린 마음도 함께 꼭 담아드려야겠다고 다짐했다. 모리함의 배경으로는 보통 여러 가지 표구용 천을 선택하지만, 이번만큼은 민채의 그림으로 배경을 만들어드리고 싶었다. 그리고 나중에 민채가 어른이 되어서도 즐거웠던 시절을 꺼내 볼 수 있도록 너무 크지 않은 크기의 프레임을 제안해드렸다. 그렇게 그 시절의 추억이 하나의 액자 속에 다정히 자리했다.

어느 날은 미국에 계신 의뢰인의 연락 한 통을 받았다. 고래를 무척이나 좋아하는 아이에게 꼭 모리함을 만들어주고 싶다고 하셨다. 얼마 후 아이가 그린 고래 그림과 고래 모형들 그리고 아이가 돌고래와 볼을 맞대고 있는 사진

한 장이 도착했다. 행복해 보이는 아이의 표정은 정말 사랑스럽고 소중했다. 얼마나 돌고래를 좋아하는지, 얼마나 꿈속에서 돌고래 친구들과 많이 항해했을지 아이의 마음을 상상하며 배치를 고민했다. 물건들을 하나하나 살피던 중, 사진 뒷면에 적힌 글씨를 발견했다.

"돌고래를 위해 건강한 바다를 만들어야겠다."

고래를 사랑하는 마음이 넓은 바다를 향한 마음으로 커지는 순간이었다. 아이는 본인의 방식대로 세상을 품고 있었다. 그래서 나는 모리함에서 만나는 아이들을 '작가님'이라고 부른다. 단지 귀여움의 표현뿐만 아니라, 그들의 세계를 향한 진심 어린 존경에서 비롯된 호칭이다. 그래서 이런 생각으로 한 번은 인스타그램에 글을 올린 적이 있다.

"동심은 감동적이며, 동심을 소중히 여기는 마음은 위대하다."

얼마 후 한 어린이 피아노 학원에서 연락이 왔다. 이 문장을 학원 건물에 현수막으로 걸어도 되겠냐는 정중한 문의였다. 흔쾌히 허락했다. 매일 아이들의 마음이 자라나는 곳에 그 문장이 함께할 수 있다는 사실이 오히려 나에게 더 큰 응원처럼 느껴졌다.

꼬마 작가님들의 세상은 어른들이 놓치고 살아가는 것들로 가득하다. 상상력, 순수함 그리고 무엇이든 가능하다는 믿음들. 그래서 늘 상상한다. 아이가 커서 어른이 되었을 때 이 액자를 바라보는 모습을. 그 마음에 따뜻한 볕이 쏟아지기를 기도한다. 모리함은 이 귀엽고 기특한 세계를 오래도록 사랑할 것이다.

살아가면서 만나는 처음들

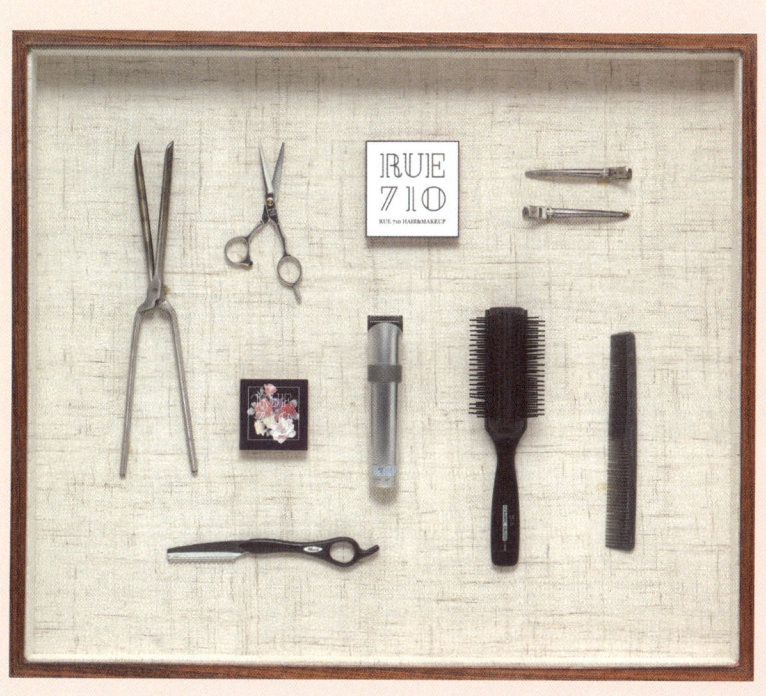

☀

어릴 적 나는 부모님께 자주 묻곤 했다. 엄마 아빠는 처음에 어떻게 만났는지, 내가 태어났을 때 어땠는지, 처음 동생을 봤을 땐 어떤 기분이었는지 하고. 엄마는 늘 "네 아빠가 엄마를 어찌나 쫓아다녔는지 몰라" 하며 웃었지만, 어느 날들은 아빠가 참 멋있었다고 말했다. 아빠는 한결같이 허허허 웃기만 하고 말을 아끼셨는데, 결혼을 앞둔 나와 남자친구 앞에서 처음으로 신혼 시절 이야기를 해주신 적이 있다.

부산에서 살던 촌놈이 서울로 상경해서 아내와 방 하나 작은 집에서 시작했단다. 지혜롭고 야무진 엄마와 성실하게 매일을 살아낸 이야기들이었다. 그러다 보니 좋은 일들이 생기고 자식 둘 키워낼 재간이 생기셨다고 했다. 아빠는 담담하게 말을 마치셨다.

"그렇게 사랑했고 그렇게 살아왔지. 지금 너희들의 이 처음 마음만 평생 잊지 말거라."

어렵고 두려운 것이 많았을 어린 두 사람의 그 시간들이 눈앞에 그려졌다. 나의 어렸을 적 사진들 속 앳된 엄마 아빠의 모습이 겹쳐지자 대단하고 존경스러워 목이 메었다.

내가 태어났을 때를 묻곤 하면 부모님은 늘 앨범과 비디오를 꺼내 보여주셨다. 남겨진 사진들과 메모들이 함께 있었다. 지금 생각하면 가장 아쉬운 건 그 비디오들이 사라져버린 일이다. 다시는 볼 수 없게 된 기록은 늘 그리움으로 남아 있다.

그래서 아기의 처음을 기록하려는 의뢰인들과의 만남이 유난히 행복하다. "나중에 아이가 크면 물려주셔야죠"라는 말을 꼭 건네는 것도 그 때문이다. 부담스럽지 않은 크기와 오래 봐도 질리지 않는 색감 등으로 추천하는 이유 역시 이 처음의 물건들이 오랫동안 가족 곁에 남아야 하기 때문이다. 많은 분들이 배냇저고리와 탯줄을 비롯해 첫 사진, 태어난 날짜와 시간, 키와 몸무게가 적힌 정보를 같이 담기를 원한다. 그것은 한 생명이 처음으로 세상에 발을 내디뎠다는 증거이자 가족들의 사랑이 시작된 자리이기 때문이다. 제일 작았던 옷자락과 엄마와 연결되었던 탯줄은 그 어떤 기록보다 값진 '처음'의 기억이다.

그리고 첫 백일복, 첫 돌한복을 맡겨주시는 경우도 많다. 예로부터도 아이가 태어난 지 백일이 되면 온 마을이 함께 축하할 만큼 큰 의미가 있었다. 예기치 못한 병으로 백일을 넘기기 어려웠던 시절, 백일은 곧 '무사히 잘 자라주었다'는 안도의 시간이었다. 그래서 가족들은 정성껏 옷을 지어 입히고 음식을 나누며 아이의 건강을 빌었다. 돌 역시 마찬가지였다. 만수무강이나 수복강녕 같은 길상무늬가 수놓인 한복을 지어 입고 돌띠를 허리춤에 따로 매기도 했는데 부귀영화를 염원하는 뜻이었다. 작은 옷 한 벌에는 아이가 건강하고 풍요롭게 살아가길 바라는 간절한 마음이 가득 담겨 있었다.

오늘날은 아이들이 예전보다 훨씬 더 건강하고 풍요롭게 살아갈 수 있는 시대가 되었지만, 그 마음만큼은 달라지지 않았다. 그래서 나는 이 옷들을 보존하는 것에는 아이에 대한 감사와 앞으로의 응원이 담겨 있다고 생각한다. 여전히 지금의 백일복과 돌한복은 아이가 걸어갈 첫 길을 축복하는 마음이 깃든 '작은 기도의 옷'이다. 작은 한 벌의 옷이 세대를 이어가는 전통과 부모의 사랑을 증언한다.

아기의 처음이 부모와 어른들의 사랑 속에 기록된다면, 어른이 되어 맞이하는 '첫 시작'은 각자의 선택과 다짐 속에 남는다. 직업의 첫 도구를 표구해달라는 의뢰도 종종 도착한다.

한 미용사님은 처음 미용을 시작했을 때 쓰던 첫 도구들을 고이 간직하고 계셨다.

"더 좋고 비싼 것들은 쓰다가 버리기도 하는데, 이것만큼은 절대 못 버리겠어요. 이런 고데기 보신 적 있으세요? 불고데기라고 직접 불에 달궈서 쓰던 거예요. 요샌 구하기도 어렵다고 하더라고요. 정말 빠글빠글하게 잘 나와요. 하하."

지금은 수십 명의 스태프가 있는 미용실의 대표이지만, 막내 시절 쓰던 도구들을 다시 꺼내어 보며 여러 감정이 교차하시는 것 같았다. 이 모리함은 새로 오픈하는 숍에 걸어두실 예정이라고 하셨다. 시작의 마음을 늘 곁에 두고 싶으셨던 것이다.

비슷한 마음은 음악가에게도 있었다. 40여 년을 바이올린과 함께 살아온 한 바이올리니스트는 여전히 첫 활을 소중히 간직하고 계셨다. 같은 바이올린이라도 활에 따라 음색이 달라진다. 그만큼 연주자의 손과 호흡에 꼭 맞는 도구다. 활 털은 오래되어 끊어진 곳도 있지만, 세월의 흔적이 멋스러웠다. 모리함을 완성해드린 후에 의뢰인에게 받은 메시지가 아직도 내 마음에 남아 있다.

"1984년 엄마의 손을 잡고 산 첫 번째 활입니다. 첫 바이올린은 남아 있지 않지만, 첫 활은 여전히 곁에 있네요. 저에게는 이 이십 달러짜리 활이 만 달러짜리 활만큼 소중합니다. 모리함, 감사합니다."

이렇듯 '처음'의 도구는 평생을 응원해주기도 한다. 어떤 분들은 공간의 시작을 기념하기도 했다. 한 사진작가님은 스튜디오를 개업하며 고사에서 사용했던 북어를 들고 오셨다. 당시에는 지금처럼 액막이 명태 소품들이 유행하기 전이라 의뢰인도 흥미로운 눈빛으로 의뢰하셨던 기억이 생생하다. 자고로 북어는 배에 흰 명주실을 감아 매다는 게 정석이다 보니 단순히 액자 안에 북어를 붙이는 게 아니라,

명주실을 이용해 매달려 있는 것처럼 연출하고자 했다.

  그리고 의뢰인은 대문 위에 걸어둔 것처럼 보이도록 문 위에 둘 예정이라 액자의 앞뒤를 투명하게 해달라고 하셨다. 안정성을 위해 앞면은 유리로, 뒷면은 아크릴로 마감해서 투명하게 연출하고, 습도 변화에 대비해 북어의 입과 뱃속에 방부제를 넣고 작품용 무광 바니시를 뿌려 마무리했다. 새 공간을 지켜줄 부적 같은 존재가 되길 바라며 의뢰인께 메시지를 전했다.

  "풍요로움에 막힘이 없도록 투명한 액자에 담아 부를 기원했습니다. 북어의 밝고 큰 눈과 쫙 벌어진 입이 액운과 부정을 막아주길 빕니다. 주술적인 관념을 넘어 스스로의 다짐과 오가는 이들의 안녕을 기원하는 마음을 담았습니다."

  또 다른 의뢰인을 만났다.

  "어느 밤에 침대에 기대 앉아 아이들에게 그림책을 읽어주고 있었어요. 책장을 넘기다가 이 한 문장에 마음이 사로잡혔죠. '나는 바람 부는 날도 좋아요.' 제가 제일 좋아하는 말이에요."

궁금한 눈빛으로 의뢰인을 다시 바라보니, 수술이 잘되어서 고맙다고 찾아오시는 분들이 많이 하는 말이라고 하셨다. 모발이식 성형외과 개원을 앞두고 계셨고 이 그림책에서 영감을 받아 병원 이름도 '바람부는날에도'라고 지으셨다고 했다. 나는 박수를 크게 치며 환자분들이 정말 기분 좋게 가실 것 같다며, 위트 있는 원장님의 간판이 되어줄 액자를 잘 완성하겠다고 말씀드렸다. 병원의 간판이자 상징이 될 액자는 맑은 하늘색 모시를 배경으로 두고, 책의 페이지들이 차르르 넘어가는 느낌을 주고 싶어 페이지 안쪽마다 조금씩 단차를 두어 연출했다. 의뢰인께서도 무척 기뻐하셨다.

모리함에는 아이가 처음 건넨 어버이날 카네이션, 개원을 앞둔 남편을 응원하며 몰래 가져온 첫 청진기, 디자이너의 첫 드로잉이 담겨 있다. '처음'의 모습은 각각 다르지만 그 시간을 기억하고 싶은 마음은 같았다.

우리는 흐르는 시간 속에서 스스로의 시작을 온전히 기억하지 못한 채 살아간다. 그래서 다른 이의 기억을 빌려 듣고 사진이나 기록을 통해 보충한다. 내가 기억하지 못하는 순간들을 부모님이 대신 기억해주고 오래된 사진 한 장이 잊어버린 떨림을 다시 일깨워주기도 한다. 그렇게 우리는 서로의 기억을 빌려 쓰며 살아간다. 그리고 내 기억이 채우지 못한 공백은, 남아 있는 기록이 기억이 되어 장면을 완성한다.

첫 탄생, 첫 걸음마, 첫 입학, 첫사랑, 첫 졸업, 첫 시련…. 우리는 모두 수많은 시작을 건너며 살아간다. 그리고 그 수많은 처음들은 누군가의 사랑 속에 이미 자리하고 있다. 그 시작은 결코 나 혼자 세운 것이 아니라, 함께 만들어가고 함께 증언한 시간이었다. 그래서 그 시간 속에 함께한 물건은 자연스레 기억의 자리가 된다.

시작을 기록하는 것도, 이어지는 삶을 보듬는 것도 결국은 함께한 물건들이다. 그 자리에 머물러 우리를 다시 처음으로 데려간다. 사라진 것 같아도 그 앞에 서면 마음은 다시 출발선에 선 듯 떨린다. 그렇게 그 물건은 삶의 시작과 끝을 잇는 다리가 되어준다.

네 장의 청첩장

처음엔 뉴스에서 접한 먼 안타까운 이야기인 줄로만 알았는데 어느새 모두가 거리를 두어야 했다. 일상을 덮쳐버렸다. '코로나19 이전으로 돌아갈 수 있을까?'란 간절한 질문들을 서로에게 던지기 시작했다. 작은 골목에서 모리함 간판을 건 게 2019년 6월, 코로나19가 최초 보도된 게 11월쯤이니 당시 대부분의 의뢰인들을 마스크를 낀 채 만났고 건강히 다시 뵙자는 말이 서로에게 자연스런 인사가 되었다.

지쳐가는 일상 속에서 모리함은 삶 속 작은 조각들이 지닌 큰 힘에 대해 이야기하면서 따뜻한 공간으로 위로가 되기 위해 부단히 노력했다. 그렇게 3년여 만에 엔데믹이 선언되었다.

어느 날 한 의뢰인이 청첩장을 담고자 오셨다. 그간 청첩장을 담으러 오신 많은 분들께 진심으로 축하드린다는 말을 힘주어 전했다. 그 어느 때보다 귀한 청첩장이라고,

수고 많으셨다는 말씀을 꼭 드렸다. 청첩장을 주고받는 게 난처할 거라고 상상이나 했을까. 결혼식 문화와 제도가 간소화되어야 한다는 사람들도 있었고 식장에 다녀와 코로나19에 감염된 사람들이 기사화되던 시기였다. 두 사람이 만났기에 두 배로 기쁨과 축하를 받아야 하는 날인데 오히려 미안해하며 초대하고, 가족들 역시 여러 곳에 죄송해하는 모습들이 보였다.

역시 축하드린다는 인사를 먼저 하고 늘 하던 것처럼 미팅룸 원목 테이블 위에 하얗고 깨끗한 한지 한 장을 가지런히 펼쳤다. "가져오신 청첩장을 여기에 올려주세요"라고 말씀드리자, 무려 네 장의 청첩장이 차르르 펼쳐지는 모습에 의뢰인과 나는 함께 웃음이 터졌다. "저엉말! 고생 많으셨습니다!!"라고 나는 더 힘차게 말씀드렸다.

신랑과 신부의 이름은 네 번 같았지만, 날짜는 네 번 모두 달랐다. 불안과 염려로 가득한 시간을 지나며 얼마나 많은 마음을 견디셨을까. 그 모든 시간을 하나의 프레임 안에 담고자 하신다니, 마치 모든 전쟁을 이기고 돌아온 개선장군 같았다. 내 마음을 알기라도 하신 듯 "상황은 참 힘들었지만 그래도 우리가 함께 지나온 시간들의 상징으로요"

라고 말씀하셨다. 상황을 탓할 새도 없이 둘이 함께 충분히 이겨낼 수 있다고 결심하셨다고 한다. 함께 살아가다 보면 여러 위기들을 겪을 텐데, 지금은 그저 첫 장일 뿐이라고 하셨다. 마치 네 장의 청첩장이 단단한 결실로 향하는 징검다리 길을 잇는 것 같았다. 나도 말을 이었다.

"다시는 이런 팬데믹이 없었으면 좋겠어요. 후세가 이 액자를 보게 될 때면, 그런 시절이 있었다고 웃으며 말할 수 있게요."

2년 후 사진 한 장이 도착했다. 네 장의 청첩장을 담아드린 모리함 앞에 작고 소중한 아가가 있었다. 사과 같은 볼이며, 오동통한 발목까지. 이모의 마음으로 아가의 모든 게 감동이었다. 액자에 담긴 순간 그것은 한 날의 기록뿐만 아니라, 앞으로의 삶을 버티게 하는 사랑의 증거가 된다.

아무리 엄혹한 시기라도 이 세상은 사랑으로 충만해야 한다. 삶은 때로 예고 없는 균열을 남기고 예기치 못한 시련을 주기도 한다. 하지만 그 흔적을 버리지 않고 오히려 기억하려는 마음으로 단단히 붙잡는다면, 어떤 고통으로부터도 우리를 지켜주는 가장 튼튼한 갑옷이 될 것이다.

모리함의 시작

나는 2000년 후반에서 2010년대, 스마트폰과 모바일 혁신이 폭발적으로 부흥하던 시기에 IT 기업에서 일하고 있었다. 전자상거래와 플랫폼 비즈니스가 날마다 새로운 기록을 세우던 시절이었다. 하루아침에도 새로운 서비스가 쏟아지고 몇 달 만에도 뒤쳐진 기술이 되어버리는 속도 속에서 '새로움'은 곧 가치로 여겨졌다.

그 무렵 나는 야근과 바쁜 업무 속에서 치열하게 살고 있었는데, 어느 날 갑자기 온몸에 두드러기가 심하게 올라왔다. 병원에서 처방해준 독한 약을 며칠이나 먹고, 발라도 호전되지 않다 보니 놀란 마음에 부모님께 말씀드렸다. 부산에 계셨던 부모님께서 급히 올라와 보살펴주셨다. 빈 냉장고에 반찬을 가득 채워놓고 밀린 청소도 해주셨다. 며칠 밤을 그렇게 함께 보내며 부모님 곁에서 잠드니 거짓말처럼 두드러기가 사라졌다. 이때 확신했다. '엄마 손은 약손이란 말은 틀림없다.' 그 힘으로 또 다시 바쁘게 달리던 일상들이 한참 동안 흘러갔다.

엄마가 돌아가신 후 지친 날이면 어김없이 이날들이 떠올랐다. 딸 손은 약손이 될 수 없었을까. 꺼져가는 엄마의 불꽃 앞에서 내 젊은 날의 불꽃은 활활 타고 있었다. 너무 짧았다고 생각한 엄마의 삶을 다시 붙잡고 싶어서였을까 이후 여러 계절이 바뀔수록 유구한 것, 오래된 것에 대한 갈망이 생겼다. 특히 시간을 견디며 남아 있는 것들을 붙잡고 싶었다. 그런 것들을 찾다 보니 결국 기억과 물건으로 마음이 향했다. 남겨진 물건 안에는 그 사람의 습관과 취향 그리고 체온까지 스며 있다. 버려지지 못한 물건에는 버릴 수 없는 이야기들이 깃들어 있었다. 나는 그때 처음으로 '사라지지 않게 붙잡아두는 일'을 내 삶의 새로운 일로 삼고 싶다는 생각을 했다.

그리고 연인 H와 결혼했다. 엄마의 임종을 함께 지켜준 이. 엄마가 돌아가신 후 각자 집이 꽤 먼 거리였음에도 혼자 있는 집에서 슬퍼할 나를 걱정해 퇴근 후에는 내가 잠들

때까지 곁을 지켜주곤 했다. 깊은 밤 조용히 현관문을 닫고 나서는 H의 발소리가 들리면 이상하게도 마음이 놓였다. 누군가 내 곁에 머물러준다는 단순한 사실이 그 어떤 말보다 큰 위로가 되었다. 그 시간들이 쌓여 나는 조금씩 다시 살아갈 힘을 얻었다.

    엄마와 H가 함께 식사를 한 적이 있었다. 다 큰 딸에게 엄마는 기분 좋을 때면 나를 "공즈-님"이라고 불렀다. 그 소리를 처음 들은 H가 한참을 웃더니 그날 이후 나를 놀리듯 "겅즈-님"이라 부르기 시작했다. 시간이 지나, 지금까지도 여전히 그렇게 부르는 건 단순한 장난이 아니라는 사실을 나는 안다. 엄마의 빈자리를 조금이나마 채워주고 싶은 마음을. 이 호칭을 매일 들을 수 있어서 나는 여전히 엄마의 사랑 안에 있다는 기분이 든다. 이름의 힘을 믿게 되었다.

    양가 부모님의 배려로 우리는 직계가족들만 모시고 작은 결혼식을 치렀다. 다른 분들께는 청첩장에 별지를 하나 더 추가해 일일이 편지를 써서 선물과 함께 직접 드렸다. 친구들과 지인들은 너네답고 멋지다며 진심어린 축하를 해주었다. 당시에는 작은 결혼식이 낯설다 보니 어떤 분들은 '식을 안 한다고?' 하며 이유와 사연을 궁금해하셨다. 아마 우리보다도 더 많은 질문을 받으셨을 텐데 그때마다 늘 웃으며 의연하게 대하시는 부모님들을 보며 깊은 감사함을 느꼈다.

예물을 대신해서 우리 가족 여덟 명의 순금 커플링을 맞췄다. 그중 하나는 엄마의 납골당에 넣어드렸다. 떠난 엄마와 남은 우리 가족 모두가 여전히 같은 반지로 함께 이어져 있게 되었다.

엄마가 생전에 그렇게 기다리던 결혼식을 하고 나니 작은 숨을 내쉴 수 있었다. 삶에서 처음 느끼는 슬픔과 기쁨이 교차하던 시기였다. 동시에 어떻게 살아가야 할지 더 단단한 힘이 필요하다는 결심이 들었다.

다음 해에 회사를 그만두고 H와 자동차로 유라시아 여행을 떠나기로 했다. 한국 번호판을 단 자동차를 러시아 블라디보스토크로 보내고 시베리아 대륙을 횡단해 북유럽과 동유럽, 서유럽을 지나 남유럽 스페인까지 달리는 여정이었다. 한국에서 스페인까지는 비행기로 15시간이면 닿을 수 있지만 우리는 3,600시간을 걸려 3만 9,000km, 지구 한 바퀴에 가까운 거리를 달렸다.

그 길 위에서 만난 건 여행지의 풍경만이 아니었다. 비행기로는 스쳐 지나갈 뿐인 도시와 마을을 우리는 직접 발로 밟고 눈으로 확인했다. 시베리아의 끝없는 도로 위 한밤의 어둠 속에서 마주 오던 낯선 한국 차를 향해 상향등으로 우리가 가야 할 길의 위험을 알려주던 이들의 불빛이 지금도 생생하다. 러시아의 노보데비치 공동묘지에서는 각기 다른 형태의 묘비들을 볼 수 있었다. 고인의 삶을 담은 모양과 색은 제각각이었고 모두 각자의 고유한 이야기를 품고 있었다.

스웨덴의 작은 마을에서 만난 제니의 집에도 초대받았다. 그녀가 나눠준 따뜻한 저녁 식사와 미소에 금세 마음이 편안해졌다. 독일 뉘르부르크링에서 만난 데일로마스는 그곳을 대표하는 유명 레이서였다. 한국 번호판을 단 우리 자동차의 이야기를 듣고는 흔쾌히 그 유명한 서킷을 달리게 해주었고 그 모습을 전문 사진가에게 부탁해 선물로 남겨주었다. 이탈리아 남부 가정집에서 함께 파스타를 만들고 직접 담근 리몬첼로를 건네던 마리에타도 잊을 수 없다.

　이방인이었기에 오히려 선명하게 보이는 장면들이 있었다. 가족의 역사가 담긴 사진으로 벽면을 가득 채운 집, 오래되고 닳은 물건을 정성껏 닦아 다시 사용하는 습관. 그 모든 일상은 시간의 무게를 고스란히 품고 있었다.

　빠르게 사라지는 것들 속에서 늘 허둥대며 살던 나에게 길 위에서 만난 느린 장면들은 오래도록 남을 수 있는 것이 무엇인지 묻고 있었다. 다른 언어와 다른 문화를 가진 사람들이었지만 그들이 공통적으로 소중히 여기는 것들은 닮아 있었다. 일상을 버티게 해주는 작은 물건들, 사랑하는 사람의 기억이 깃든 흔적들이었다. 그렇게 이어진 여정은 단순한 풍경을 넘어 사색의 시간이 되었다. 오래 남길 것, 지켜야 할 것을 되묻는 날들이 쌓여 마침내 모리함의 시작으로 나를 데려다주었다.

　특히 어린 시절부터 서예와 동양화 수집을 취미로 하신 아버지를 곁에서 보아온 H에게 액자는 낯설지 않은 세계였다. 그래서 우리는 여행길마다 박물관과 액자를 찾아다녔다. 도시마다 방식은 달랐지만 액자는 언제나 그 공간을 대표하고 상징하는 완벽한 물건처럼 보였다. 덴마크의 상점은 유리병과 소품을 담아 액자에 걸어두었고 암스테르담의 작은 골목 가방 집은 수제 가방을 액자에 넣어 간판 대신 내걸고 있었다.

나는 한국에 돌아오자마자 표구를 배울 수 있는 곳을 찾기 시작했다. 전문 기관은 어디에도 없었고 사설 학원조차도 없었다. 대부분의 표구사들은 인사동에 모여 있었고 화랑이나 화방이라고 칭하는 액자 집들과 다른 듯했다. 배우면서 알게 된 부분이지만 작업 방식이나 취급 품목에서도 실제로 차이가 있었다. 그래서 결국 할 수 있는 건 단 하나였다. 문을 두드리고 말하는 것.

"표구를 배우고 싶습니다. 가르쳐주십시오."

대단한 용기라고 말해주시는 분들도 있지만 시작하던 그때를 생각해보면 호기심과 설렘이 더 컸다. 그리고 손으로 만드는 것들을 평소에도 좋아했기에 가르쳐주시기만

하면 뭐든 할 수 있을 것 같은 자신감이 넘쳤다.

하지만 대부분의 표구사 선생님들은 어리게는 중학생 때부터 생계를 위해 시작한 분들이 많았다. 실제 표구의 역사를 공부해보면 1,800여 년 전까지 거슬러 올라간다. 문자 이전 우리가 그림을 그리기 시작할 때부터 보존과 장식의 목적에서 비롯된 작업 방식이었기에 손에서 손으로, 기술로 이어질 수밖에 없었다. 그러다 보니 선생님들께서도 가르침에 익숙지 않았고 대부분 10평 남짓한 공간에서 홀로 묵묵히 작업에 몰두하시는 분들이었다. 여러 곳에서 수차례 거절을 당했음에도 계속 문을 두드릴 수 있었던 건, 선생님들의 역사와 각 표구사마다 고유한 방식으로 쌓아 올린 액자, 병풍, 한지 더미의 풍경이 깊은 감동으로 다가왔기 때문이다.

나는 포기하지 않았다. 그 후로도 몇 번의 도전 끝에 가르쳐주신다는 선생님을 만나게 되었다. 하지만 배움의 시작인 줄 알았던 그날은, 사실 인고의 시작이었다. 선생님은 묵묵히 작업만 하셨고 나는 6개월 동안 선생님을 그림자처럼 졸졸 따라다니며 궂은일을 도맡았다. 풀을 쑤고 부지런히 빗자루질과 걸레질을 하고 풀 묻은 붓을 닦는 일이 내 하루의 전부였다. 지나가던 어떤 선생님들은 "아고, 여자가 하기 힘들어. 얼마나 버틸라고" 하시며 걱정 반, 회의 반의 말씀을 건네셨다. 그럴 때마다 더 환하게 웃으며 "열심히 해보겠습니다! 많이 가르쳐주세요!"라고 하며 고개를 꾸벅 숙였다.

사실은 하루 종일 서 있다 보니 다리가 퉁퉁 부었고, 붓 한 번 잡아보지 못해 답답한 시간들이었다. H는 그때를 묘사하며 '나 잘할 수 있는데…'라며 베갯잇을 눈물로 적시던 날들이라고 말했다. 실제로 집에 돌아와 서러움에 울기도 했다. 그런데도 포기할 수 없었던 건 선생님들의 손끝에서 피어나는 표구 작업이 내겐 마술처럼 느껴졌기 때문이다. 그걸 꼭 내 손으로 해내고 싶었다.

그래서 다음 날이면 늘 선생님들 앞에서는 밝고 의지에 찬 모습만을 보여드렸다. 잠시 휴식 시간에 담배 태우시는 선생님들 옆에서 귀동냥이라도 하려고 서 있고, 바쁘신 와중에 손님들이 오시면 종이컵에 믹스커피를 타서 내어드렸다. 컴퓨터가 서툰 선생님들을 대신해 전자세금계산서와 인터넷뱅킹 업무도 대신 처리해드리며 "젊은 사람이 하나쯤은 있어야지"라는 뿌듯한 농담도 들었다. 작업하면서 바닥에 떨어지는 풀과 자투리 종이를 신속하게 치우고 하루에도 수십 번 작업대를 걸레로 닦았다. 걸레에서 쉰내가 나지 않도록, 풀 묻은 붓들에 남아 있는 풀기가 말라서 굳지 않도록 박박 빨아서 널어두고 퇴근했고, 퇴근 후에는 그날 본 작업들을 노트에 적으며 복습했다.

그러던 어느 날 드디어 붓을 처음 잡아보게 되었다. 며칠 동안 설렜는지 모른다. 곧 칼을 쓰는 방법도 배웠다. 표구에서는 붓만큼이나 칼을 많이 사용한다. 재단 칼로 종이나 비단을 자르고, 유리칼로 유리를 자르고, 톱으로 나무를 자른다. 실제 선생님의 손에 남아 있는 깊은 상처들이 그걸 증명해줬다. 몸집만 한 크기의 표구를 다루다 보면 한순간의 방심이 큰 사고로 이어지기도 한다. 늘 긴장감을 가지고 집중력을 잃지 않으려 했다.

"꽤 잘 하네."

처음 칭찬을 받던 날이 있었다. 그날 이후로 선생님들의 기대와 믿음이 조금씩 더해졌다. 날마다 새로운 것들을 배워나갔다. 선생님께서는 늘 말씀하셨다.

"표구라는 건, 배움에 끝이 없어."

정말 그렇다. 매번 다른 그림과 작품, 물건, 사람을 만난다. 똑같은 작업 방식이 통할 수 없다. 그래서 언제나 처음 대하는 마음으로 소중히 여기고 섬세하게 다루어야 한다. 그리고 약속한 시간 안에 작업을 완성해야 하는 집중력, 의뢰인마다 다른 취향을 존중해야 하는 마음가짐까지 시간이 지날수록 그 모든 것이 얼마나 중요한지 알게 되었다.

그렇게 버티고 배우고 또 다시 배우다 보니 어느덧 손끝이 조금씩 익어갔다. 처음에는 빗자루만 잡던 내가 이제는 붓과 칼을 다루고 표구의 맥락을 이해하게 된 것이다. 매번 새로운 작품 앞에서는 긴장과 조심스러움이 앞섰지만, 완성 후 느껴지는 성취감이 이 길을 계속 걷게 하는 힘이었다.

돌이켜보면, 표구를 배운다는 건 단지 기술을 전수받는 일이 아니었다. 한 장의 종이를 고르고, 비단을 매만지고, 한 폭의 작품을 보존하는 태도를 배워가는 과정이었다. 결국 표구란 손의 기술이기 이전에, 삶을 대하는 태도라는 걸 알게 된 것이다.

그 길 위에서 나는 문화재수리기능자(현재 국가유산수리기능자) 자격도 취득하게 되었다. 나와 누군가의 기억을 오래 붙잡고 싶어 시작한 일이 이제는 나라의 유산을 지켜내는 손길로까지 이어졌다. 여전히 배움에는 끝이 없겠지만 확실한 것은 오래 남는 건 기술이 아니라 마음이라는 것. 그리고 그 마음이 담긴 손끝에서 모리함이 태어나고, 나의 길이 이어진다는 것이다.

이름에 대한 소고

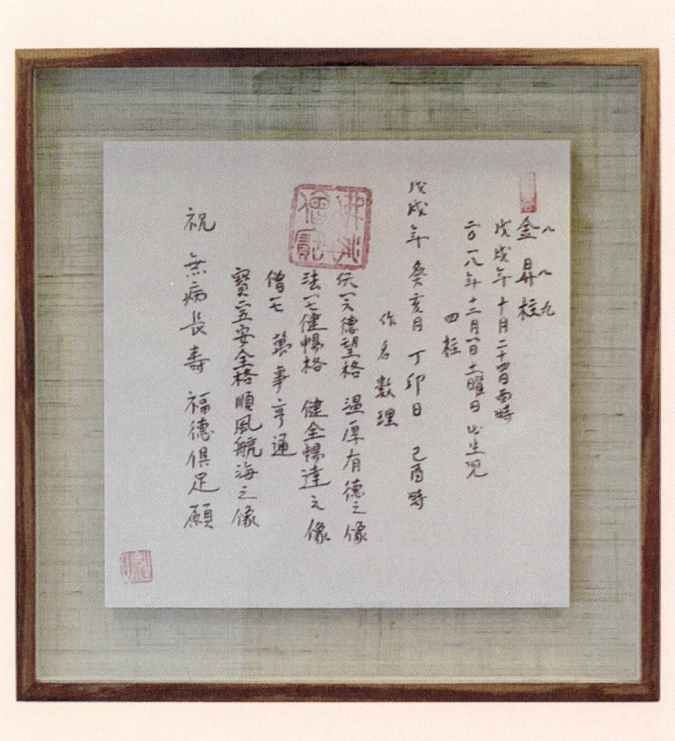

"유모차를 가져가도 될까요? 아이와 함께 방문해도 괜찮을까요?"

"반려견을 데리고 가도 되나요? 가방 안에 꼭 있을 거예요."

이런 질문을 받을 때면 나는 잠시 미소를 띤다. 그리고 "물론이지요"라는 대답을 마저 한다. 모리함에 오실 때는 단순히 물건을 맡기거나 급히 와서 잠시만 머무는 곳이 아니라, 소중한 동반자와의 기분 좋은 외출처럼 느껴지길 바란다. 사실, 그런 걸음이 편안하도록 모리함의 공간을 처음 설계할 때부터 미리 염두에 두었다. 작업 중인 작품들과 분리될 수 있도록 상담 공간을 따로 마련했고, 첫 발걸음부터 편안하게 느끼며 마음 놓고 대화할 수 있도록 상담 공간 바닥에만 카펫을 깔았다.

그래서 모리함에는 아기나 부모님과 함께 오시는 경우

가 정말 많고, 반려견도 상담에 참여한다. 기억을 맡기러 오는 이들이 잠시라도 편안하게 머물 수 있는 자리를 만드는 일 역시 모리함이 해야 할 일 중에 하나라 생각한다. 그래서 서로를 배려한 다정한 마음들이 이 공간에 가득 찬다.

이번 의뢰인도 "아기랑 같이 방문해도 될까요? 혹시 피해를 드릴까 봐 조심스러워서요"라는 말씀과 함께 모리함에 방문하셨다. 의뢰인의 배려만큼이나 작은 도자기 같은 아기는 엄마 품에 안겨 평안히 쪽쪽이를 물고 있었다. 천사 같은 아기를 따라 나도 목소리를 차분히 내며 이야기를 이어갔다. 첫돌을 기념해서 오셨다는 말씀에 대부분이 의뢰하시는 돌 사진이나 돌복 등을 떠올렸다. 하지만 봉투 안에서 종이 한 장이 나왔다. 아기의 이름과 이름에 담긴 뜻 풀이였다.

"해 떠오르듯 덕망을 쌓아 오르리."

종이를 잡고 있는 손가락이 비칠 정도로 얇은 화선지에 먹물로 쓰인 글이었다. 붉은색 낙관도 여러 군데 찍혀 있었다. 스님께 작명을 받으셨다며 전형적인 서예 표구*보다는 아기만의 작품으로 남겨주고 싶다고 하셨다. 그래서 우리는 아기를 상징하는 색감으로 표구하기로 결정했다. 영감을 얻기 위해 액자를 둘 공간의 색감이나 아기가 선호하는 물건과 음식에 대한 이야기를 이어가던 차에 의뢰인의 눈이 동그래졌다.

"피망! 어때요? 아기 태명이었어요."

귀여운 아이디어에 서둘러 초록피망과 노랑피망을 연상할 수 있는 연두색 모시와 차분한 노란색 모시를 펼쳐 보였다. 원색의 배경이 필요할 때는 배접천**보다는 직조감이 더 성글어서 작품을 헤치지 않고 은은하게 받쳐줄 수 있는 모시가 더 탁월하다. 그렇게 연두색 모시로 피망이의 첫 액자를 제작하기로 했다.

---

* 현재 대중적인 표구 방식이기도 하다. 대부분의 서예 작품은 족자나 두루마리처럼 말아서 보관하거나 걸 수 있는 형식을 따르며, 작품 주변에는 무채색 계열이나 국화·잔꽃·덩쿨 같은 반복 무늬가 있는 합성 실크 배접천으로 단을 만들어 두르거나, 붉은색이나 금색 띠를 둘러 작품을 강조한다.

** 액자에 배경이 되는 표구 재료로 광목, 면, 실크 등 천의 뒷면에 종이를 접착해 반듯하게 천을 사용할 수 있도록 만든 형태다.

의뢰인과 피망이를 배웅하고 작업을 시작했다. 작품보다 좀 더 큰 크기로 배접할 한지를 재단한다. 이때엔 표백하지 않고 수년간 도침된 안동한지를 사용한다. 그러고선 얇은 화선지 작품의 뒷면에 물을 분무한다. 너무 많은 양이면 화선지가 손상되고 적은 양이면 접히거나 구겨진 부분을 펼 수 없다. 그간의 작업으로 체득한 적정량의 물이 화선지 위로 퍼져나간다. 그 후 작품을 배접할 때 사용하는 표구 도구인 마름솔로 화선지의 결과 붓이 지나간 방향을 더듬으며 펴나간다.

다른 한쪽에는 재단해둔 안동한지에 밀가루로 만든 천연풀을 바른다. 풀은 작품 지류의 종류에 따라, 추후 표구 방식에 따라 농도를 다르게 쑨다. 풀을 먹여 무게감이 생긴 한지를 들어 작품 뒷면에 마름솔로 눌러가며 붙인 뒤 배접판에 옮겨 붙여 꼬박 이틀 동안 건조시킨다. 풀의 농도나 작품 크기, 계절에 따라 이 시간이 더 길어질 때도 있다. 습한 여름이면 건조 시간을 더 길게 가져가는 게 좋다.

건조가 잘된 작품을 배접판에서 떼어낼 때면 희열이 있다. 종이는 더 탄탄해졌고 농담은 더 선명해졌다. 그렇게 배접이 잘된 작품을 바라보며 생각에 잠겼다.

이름은 누군가를 가장 먼저 부르는 방식이자 가장 오래 남는 언어다. 그리고 그 이름은 대개 내가 선택하지 않은 것이다. 부모나 가족들의 바람과 사랑이 담긴 말 한 조각, 한 조각이 모여 그 이름으로 평생을 살아간다. 나보다 더 먼저 완성된 그 말 안에서 내가 자라나고 웃고 울고 기억된다. 그래서일까, 아이의 이름을 짓는 일은 단지 부르기 위한 것이 아니라 길을 만들어주는 것처럼 느껴졌다. 둥지에서 자라 세상으로 나아가는 아이가 삶의 방향을 정하고 정체성을 스스로 결정해 나갈 때마다 그 이름은 단단한 땅처럼 다시 딛고 나아갈 이정표가 되어줄지도 모른다.

이따금은 이름에 무게를 실어보아도 좋겠다. 잘 살아달라는 바람, 아프지 말라는 기도, 세상 속에서 길을 잃지 않기를 바라는 간절한 그 정성 어린 시간들이 마침내 나를 단단히 지탱해줄 것이다.

그 후 이름에 대해 더 생각하게 된 건 한참 후에 받은 한 의뢰 때문이기도 하다. 의뢰인은 "이런 것도 모리함에 담을 수 있을까요?" 하며 사진 한 장을 보여주셨다. 한국어가 익숙지 않은 듯 단어를 천천히 고르는 말투였지만 그 눈빛이 간절하고 정중했다. 혹시 작업이 어렵더라도 꼭 방법을 찾아드리고 싶다고 다짐했다.

사진 속에는 은행 로고가 인쇄된 봉투가 있었다. 은행 창구나 ATM 기계 옆에 흔히 놓인 봉투였고 한 귀퉁이에 삐뚤빼뚤한 글씨가 써져 있었다. 평소엔 참 무심하게 쓰이던 봉투였지만 누군가의 글씨가 적힌 소중한 종이였다. 앞뒤가 맞지 않아 무슨 내용인지 의뢰인도 나도 선뜻 해석하기 어려웠지만, 읽을 수 있는 이름 두 글자가 있었다.

의뢰인의 이야기가 이어졌다. 미국 땅에 뿌리내린 미나리처럼 할머니는 낯선 삶을 묵묵히 견디며 자식들을 모두 훌륭히 키워내셨다고 한다. 참 고단한 세월이셨는지 말년에는 알츠하이머를 앓으셨다고 했다. 누군가가 건넨 음식도 잘 안 드시던 분이 그날은 막내아들이 내민 과일도 기꺼이 드시고 이렇게 글씨가 적힌 봉투를 건네셨다고 했다.

그 두 글자는 끝내 말이 흐려지고 기억이 사라지는 순간에도 놓지 않았던 하나의 이름이자 끝까지 잊지 않으려 했던 마지막 글자였을지도 모른다. 시간이 흘러 할머니가 세상과 작별하신 뒤 막내아드님이 이 봉투를 다시 찾아보려 했지만, 결국 사진으로만 남게 되었다고 한다. 그 안타까운 마음을 전해들은 의뢰인은 이야기 속 아드님의 사촌동생이었고, 그 마음을 위로하기 위해 모리함을 찾아주셨다.

아마 의뢰인과 나는 알고 있었다. 실물이 없는 이상 당장 표구 작업은 어려울지 몰라도 모리함은 단순한 기술을 넘어 마음을 다루는 곳이란 것을. 그렇게 따뜻한 신뢰로 시작된 작업이었다.

사진 한 장으로만 남아 있던 봉투 사진은 측면에서 찍혀 삐뚤어져 있었다. 사진의 각도를 정면에 가깝게 바로잡고 빛에 반사된 부분의 글자 윤곽들도 사진의 노출값을 조정하며 하나씩 되살렸다. 그리고 글씨만을 선명하게 발췌해 한지 위에 인쇄해보았다. 실제 은행 봉투를 구해 그 위에 직접 프린트하여 재현하는 시도도 해보았다. 액자를 받는 분이 의뢰인과 다를 경우(지금처럼 마음을 전하거나 선물로 건네는 의뢰)에는 가능한 한 여러 가지 시안을 준비한다. 전해져야 하는 마음들이 어긋나지 않도록 하기 위해서다.

며칠 뒤 다시 만난 의뢰인은 준비한 시안 모두를 마음에 들어 하셨지만, 나는 작업하면서 느낀 내 생각을 조심스레 전했다.

"봉투에 재현하려는 건 어쩌면 실제와 가장 비슷한 형태일지는 몰라도, 할머니의 손길이 사라진 새 봉투에 만든 것이 마음에 걸려요. 그 봉투를 잃어버린 아드님이 보셨을 때 혹시나 그 마음이 억지스럽게 느껴지지 않았으면 해요."

그래서 나는 오히려 그 봉투에 적으셨던 필체를 하나의 장면이나 작품처럼 여길 수 있도록 한지 위에 옮긴 형태를 추천해드렸다. 단순히 복원과 보존의 기술을 넘어 감정을 함께 고려하는 관점을 놓지 않으려 늘 노력한다. 상실과 그리움의 마음들이 머물 수 있는 따뜻한 자리를 만들어드리고 싶었다. 액자의 안쪽에는 할머니가 좋아하셨다는 분홍빛을 배경으로 삼았다. 정말 곱고 고와 비단처럼 윤기가 나는 최고급 분홍색 모시를 배접해 할머니가 남기신 마지막 글자를 담아드렸다.

이름은 누군가를 부르는 일이면서, 한 사람의 존재를 오래도록 기억하게 하는 언어이기도 하다. 누군가의 마지막 손끝에서 쓰인 이름 하나가 오랜 시간이 지나도 마음을 가득 채울 수 있다는 것을 깨달았다. 태어남의 기록으로, 한 생의 마지막 조각으로 이름은 그렇게 우리 삶의 시작과 끝을 이어준다. 그리고 곁에 가장 오래 머무는 언어가 된다.

　우리는 오래도록 기억하고 싶은 이들의 작은 것 하나하나에도 마음을 다하여 다가가고 싶다. 이것이 그 기억에 대해 우리가 해야 할 가장 정중한 답례라고 믿는다.

안녕을 바라는 마음

오늘 의뢰인은 모리함에 오시기 전에 미리 사진 한 장을 보내주시며 '60년 된 엄마의 금 브로치'라고 말씀해주셨다. 강산이 변한다는 10년을 무려 여섯 번이나 지나온 이 물건에는 얼마나 많은 이야기와 사랑이 담겨 있을지 감히 상상해보는 것만으로도 마음이 설렜다. 브로치에는 해바라기 같은 잎사귀 장식이 화려하게 펼쳐져 있었고, 꽃잎만큼 큰 중앙의 장식이 눈길을 끌었다. 내가 호기심 어린 눈길로 바라보자 의뢰인의 60년간의 이야기가 시작되었다.

"친정 엄마께서 혼례일에 시어머니께 절값으로 받은 패물이에요. 당시에는 살다가 어려운 일이 닥쳤을 때 바로 요긴하게 쓸 수 있도록 순금으로 만들어주셨대요."

은행이 지금처럼 믿을 만한 안전망이 되지 못하던 시절, 패물은 언제든 팔아 위기를 헤쳐 나갈 수 있는 든든한 버팀목이었다. 아마도 부모가 자식을 떠나보내며 가장 해주고 싶은 증표이자 불확실한 세상 속에서 작은 보험이 되기를 바라는 마음이었을 것이다.

"그 긴 세월이 흐르는 동안 다른 것들은 다 닳고 사라져도 이 브로치만큼은 늘 남겨두시더니 제가 시집갈 때 물려주시더라고요."

의뢰인은 이 소중한 브로치를 기꺼이 이어받으며 이제는 자신도 모리함에 곱게 담아 다음 세대에 물려주고 싶다고 하셨다. 어머니가 그러셨듯 이 브로치가 단순한 장식품이 아니라 삶의 고비마다 힘이 되어주는 '부적' 같은 존재가 되기를 바라는 마음이 전해졌다.

작은 금속 오브제를 담는 작업은 또 다른 섬세함을 필요로 한다. 순금이라 시간이 지나면서 산화나 변색이 일어나지는 않겠지만 보존이 가장 중요하다. 먼저 브로치의 뒷면을 살펴 잘 맞는 받침대를 만들고 뾰족한 핀이 드러나지 않도록 안전하게 고정했다. 받침대 부분과 액자의 배경은 다른 직조의 원단을 선택해 화려한 금빛을 받쳐주면서도 액자의 색은 전체적으로 과하지 않게 조화를 이루도록 신중히 골랐다. 그리고 참죽이라는 원목으로 제작한 프레임에 담았다. 참죽은 시간이 지날수록 고급스러운 붉은색과 깊이 있는 색감을 드러내며, 특유의 멋스러움을 더해주는 나무다. 이렇게 완성된 액자는 세대를 잇는 마음의 증표가 되어 의뢰인께 전달되었다. 기뻐하시는 의뢰인의 환한 미소를 오래 기억하고 싶다.

또 다른 어느 날 모리함에는 한 장의 사진이 도착했다. '시집가는 날'의 장면이 수놓아진 비단 조각이었다. 이제는 기계자수로 모두 대체되었지만 70~80년대에 많이 제작되었던 손자수 작품들은 액자와 병풍으로 여전히 남아 있다. 그래서인지 모리함에도 종종 교체나 복원 문의가 들어온다. 며칠 뒤 모리함에서 만난 의뢰인은 그 자수가 사실 어머니의 손길로 완성된 것이라고 말씀하시며 이야기를 이어가셨다.

"결혼하겠다고 하자 엄마가 오래된 천과 종이에 둘둘 말린 자수를 꺼내주셨어요. 저도 처음 보는 거라 정말 신기하더라고요. 엄마는 저를 임신하고 성별을 알기도 전에 본인이 직접 자수를 놓아 제가 결혼하면 주려고 30년이 넘게 간직하고 있었대요."

30여 년 세월의 흔적이 남은 비단의 끝자락을 만지며 의뢰인의 눈시울이 붉어졌다. 엄마 몰래 표구를 완성해서 엄마에게 서프라이즈로 보여주고 싶다는 말을 덧붙이시자, 나도 따라 코끝이 시큰해졌다.

옛날 '시집가는 날'의 행렬을 떠올리면, 신부는 연지 곤지를 찍고 가마에 올라타 한 집안의 며느리로 들어갔다. 그 길은 곧 한 여인이 새로운 운명을 향해 떠나는 길이었다. 오늘날의 결혼처럼 차를 타고 잠시 이동하는 일이 아니라 삶의 터전을 완전히 옮겨야 하는 길이었으니 부모의 마음은 오죽했을까. 그 아득한 행렬 속에서도 자식의 앞날이 부디 건강하고 복되기를 기원하며 비단 자락에 한 땀 한 땀 온 마음을 새겨 넣었을 것이다.

의뢰인의 어머니 역시 젊은 나이에 시집가서 앳된 얼굴로 첫아이를 배고 바느질을 놓았을 것이다. 뱃속에 있는 아이가 자라 또 다른 가정을 꾸리게 될 날을 상상하며. 그 마음을 30여 년 동안 고이 간직해 자식의 손에 쥐여주기까지, 그것은 한 여인의 삶이자 기도의 기록이었다. 나는 그 정성 어린 시간을 작품처럼 탄생시키고 싶었다. 그래서 신혼집에 걸어두고 매일 보아도 예쁠 수 있도록 의뢰인의 취향에 대해 충분히 이야기를 나눈 후 작업을 시작했다.

먼저 올이 풀리고 해진 비단에 클리닝을 진행했다. 이물질을 털어내는 과정이자 추후 배접을 위한 전 단계였다. 자수가 놓인 비단의 뒷면에는 물을 고르게 분무하고 구겨진 결을 마름솔로 살살 펴주었다. 이후 작품보다 크게 재단한 한지에 천연풀을 바르고 비단의 뒷면과 붙도록 배접했다. 자수 배접은 일반적인 그림 배접과 다르게 자수실의 입체감으로 인해 앞뒷면에 단차가 생긴다. 특히 뒷면은 한지가 뜨지 않도록 숱이 풍성한 탁솔로 두드려 자수 사이사이까지 단단히 밀착시켜야 한다. 그렇게 2~3일간 충분히 건조시키고 동일한 방법으로 2차 배접까지 마친 후에야 비단은 다시 곱고 단정한 결을 되찾았다. 마지막으로 의뢰인과 상의해 고른 프레임에 작품을 부착하자 드디어 한 점의 표구가 완성되었다.

완성된 액자를 곧장 의뢰인에게 보여드리고 싶었다. 모리함 입구의 큰 흰 벽에 액자를 걸어두고 도착하실 시간을 기다렸다. 특히 이번처럼 어머니께 드리는 깜짝 선물이 준비된 날이면 우리 팀원 모두가 함께 설레는 마음으로 기다린다. 드디어 의뢰인과 어머니가 도착하셨다. 액자를 보는 순간 예상보다 더 크게 놀라신 어머니의 두 눈에 눈물이 맺혔다. 두 분은 연신 감사 인사를 전하셨지만 오히려 우리에게는 그 순간이 더 큰 감사였다. 액자 앞에 나란히 서 계신 두 분의 모습을 사진으로 담아드리며 사랑과 세월이 고스란히 담긴 한 장면을 함께 나눌 수 있었다.

이후 메시지가 도착했다.

"엄마의 선물을 가보로 간직할 만큼 아름답게 완성해주셔서 정말 감사합니다. 특히 오늘 깜짝 놀라던 엄마의 모습이 아주 오래 기억에 남을 것 같아요. 사진으로도 남겨주셔서 정말 감사했습니다."

브로치와 자수는 모양도 다르고 쓰임도 달랐지만 그 안에 담긴 마음은 같았다. 사랑하는 이를 지켜주고 싶은 마음, 먼 앞날의 고통까지 막아주고 싶은 바람. 그 마음이 있었기에 세월을 견디고 지금까지 남아 있을 수 있었다. 모리함은 그 마음이야말로 물건을 작품으로 만드는 힘이라고 생각한다. 누군가의 안녕을 바라는 사랑 그리고 그 마음을 다시 빛나게 하고 싶은 손길이 만나 비로소 작품이 된다.

우리는 믿는다. 나의 안녕을 바라는 이들의 사랑이 담긴 물건에는 분명 어떤 힘이 있다. 어쩌면 그 정성을 소중히 여기는 기특한 마음이 그 힘을 다시 살아나게 하는 것일지도 모른다.

사랑의 큐피드

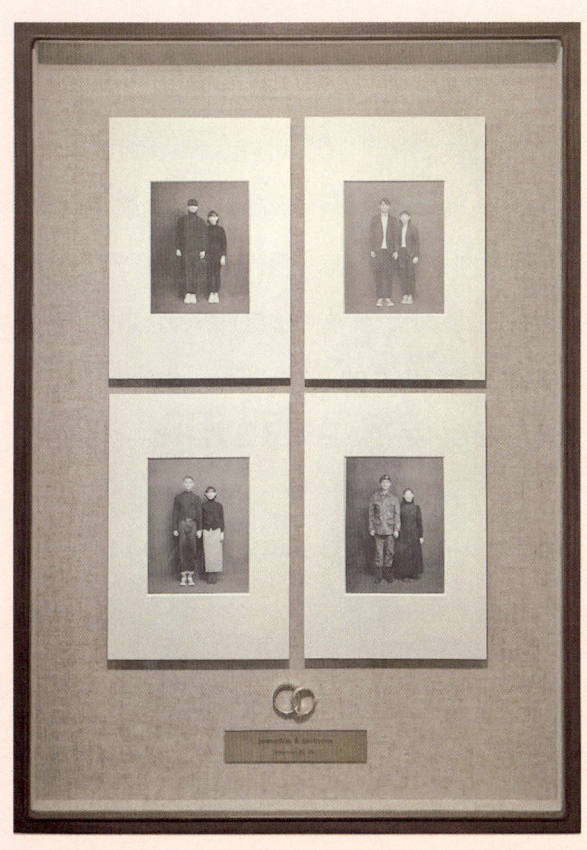

때때로 큐피드의 화살이 필요하다. 마음이 마음을 향해 날아가는 것. 오래 쌓인 마음의 무게는 더 정성스럽게 가다듬어 명중해야 할 때가 있다. 진심 하나만으로도 충분하다고들 말하지만, 그 마음을 말로는 다 담을 수 없어 눈앞에 펼쳐 보이고 싶은 순간들이 온다. 그래서 사람들은 만개한 꽃을 고르고 반짝이는 반지나 황홀한 경치를 찾아 사랑을 말하기도 한다.

모리함에도 그런 사랑이 도착한 날이었다. 연애를 오래 했다며 그녀가 웃으며 말했다.

"이 액자가 완성되면, 이 모리함으로 프러포즈를 하려고 해요."

의뢰인은 네 장의 사진과 커플링 한 쌍을 꺼내셨다. 사진 속 두 사람은 다른 계절마다 같은 자리에 서 있었다. 두꺼워지는 옷에서 함께 걸어온 세월이 켜켜이 겹쳐 보였다.

카메라 앞에 선 순간들 너머로 그들이 쌓아온 대화와 여행, 다투고 화해했던 날들까지 고스란히 느껴졌다. 그리고 작은 상자 안에는 커플링이 놓여 있었다. 반짝임은 조금 바랬지만, 그만큼 손가락에 오래 머물렀다는 흔적이 남아 있었다. 작은 흠집들 하나하나가 두 사람이 함께한 날들의 기록이자 약속을 지켜온 시간의 증거였다. 의뢰인은 그것을 새것처럼 빛나게 하기보다는 지금의 모습 그대로 담아내고 싶다고 하셨다. 그 흔적 속에 두 사람의 사랑이 자라온 과정이 고스란히 담겨 있기 때문이다.

사랑의 큐피드가 되어 화살을 대신할 액자를 비장하게 고민했다. '이 사랑이 담길 아주 단단한 틀을 만들 테야.' 정성껏 틀을 짜고 그들의 여러 계절들을 시간의 흐름대로 담았다. 그러고는 가장 마지막 중앙 자리에 반지 두 개를 포개어 놓았다.

마음속으로 그려본다. 그녀가 사랑하는 사람 앞에서 얼마나 설레는 마음으로 이 액자를 전했을까? "이건 우리가 함께한 시간들이야. 이제 앞으로도 함께해줄래?"라는 말로 다 담기 어려운 마음을 대신해줄 단 하나의 장면. 오래도록 꺼내보아도 빛이 바래지 않을 그 마음을 담은 영원한 모리함이 되길 바란다.

어떤 사랑은 축하의 화살로 날아간다. 친구의 소중한 날을 기념해주고 싶다며 그 친구가 모리함을 좋아한단 말이 떠올라 찾아오게 되었다고 하셨다. 얼마 전 결혼식을 치른 친구의 부케와 청첩장이었다. 나도 익히 알고 있었다. 신부가 던지는 부케를 받은 사람은 3개월(?) 이내에 결혼을 해야 하고 부케를 받은 친구가 100일 동안 부케를 잘 말려 다시 신부에게 선물하면 그 부부는 오랫동안 행복하게 산다는 속설이 있다. 그 말의 근거를 따지거나 속설이라 웃고 넘길지 몰라도 나는 이런 이야기가 귀엽고 사랑스럽다. '우리끼리만의 믿음'이 즐겁다. 오랫동안 꽃을 조심조심 다뤘을 그 시간, 친구가 좋아했던 것들을 떠올려보는 시간들이 믿음직하게 느껴진다. 말하자면 그건 꽃보다 오래 만개하는 마음에 대한 믿음인 것 같다.

의뢰인과 나는 오랜 시간 이야기하며 친구의 취향을 떠올렸다. 밝고 따뜻한 톤을 좋아하고 작은 것에도 예쁘다는 말을 자주 했다는 이야기를 나누며 액자의 배경이 될 여러 배접천을 펼쳐보며 색을 고민했다. 분홍색 꽃과 초록색 잎을 받쳐줄 살구색 배접천과 어울릴 원목까지 선택했다.

그날 의뢰인은 이 모든 과정을 친구는 모른다고 서프라이즈 선물로 준비하고 있다며 웃었다. 그 말을 들으니 나도 괜히 마음이 간질거렸다. 그렇게 의뢰인이 돌아간 뒤 천천히 작업을 시작했다. 꽃잎은 생각보다 훨씬 더 여렸다. 보존성과 형태 유지가 꽤 좋은 프리저브드 기법 처리를 한 꽃이라 그날의 모습을 그대로 담고 있었지만 그만큼 섬세한 주의가 필요했다. 겉보기엔 생기 있어 보이지만 촉감은 더 민감했고 얇은 꽃잎 하나하나는 작은 진동에도 바스러질 듯 위태로워서 숨을 꾹 참게 된다. 그래서 부케를 액자에 담는 작업은 언제나 긴장감 속에서 시작된다.

특히 이번 작업은 종이 청첩장을 중앙에 두고 그 주변으로 꽃을 다시 배치하는 방식이라 더욱 신중할 수밖에 없었다. 기존의 부케 형태 그대로가 아니라 하나하나의 꽃에 다시 자리를 찾아주는 과정이 필요했다. 그러다 보니 줄기의 방향을 살짝 비틀어본다던가 어떤 꽃은 눕히고 또 어떤 꽃은 곁에 함께 어울리도록 여러 번 고민해야 했다. 어쩌면 아무도 눈치 채지 못할 작은 차이들이 결국 하나의 기억을 얼마나 단단하게 이룰지를 나는 알고 있다.

그날 신부의 손에 들려 있던 부케와는 또 다른 모습의 꽃을 피워냈지만, 액자 안에서의 모습이 결코 덜해선 안 된다고 생각했다. 오히려 더 정성스러워야 했다. 아름다웠던 순간을 오래 간직하기 위한 일이기에, 그날의 마음이 성의 없는 손끝에서 흐려지지 않도록 스스로를 다잡는다.

정성껏 완성된 모리함은 친구에게 서프라이즈로 전해졌고 그 마음은 무사히 닿았다고 한다. 의뢰인의 바람처럼 두 분은 행복하게 잘 지내고 있다고 했다. 그리고 반가운 일은 그 뒤로도 이어졌다. 그다음 해 모리함을 선물로 받으셨던 두 분은 졸업장을 함께 담으러 모리함에 찾아 와주셨다. 그 이듬해에는 예쁜 아기가 태어나 배냇머리와 탯줄을 담으러 오셨다. 한 해 또 한 해 기념하고 싶은 순간이 생길 때마다 찾아와주신 덕분에 나는 두 분의 시간을 곁에서 지켜볼 수 있었다. 처음엔 하나의 꽃으로 시작된 일이 어느새 한 가족의 계절을 담는 일이 되었다. 기억을 오래 간직하고 싶다는 마음은 그렇게 삶의 곁에 천천히 머문다.

사랑을 말로 전하기 어려울 때 때로는 그런 마음을 정직하게 전달해줄 화살이 필요하다. 모리함은 사랑의 큐피드가 되고 싶다. 화살 대신 액자를 들고!

위로의 방법

우리는 살아가면서 축하하는 일이 많아진다. 최근에 출산을 한 친한 동생에게 어떤 선물을 보낼지 한참 고민했다. 작은 카드로는 마음을 다 담기 어려워, 아껴두었던 예쁜 편지지를 꺼내 선물과 함께 마음을 전했다. 얼마 전에는 한 선배의 승진 소식에 축하 메시지를 보내기도 했고 단골 의뢰인의 사업이 좋은 조건으로 성사되었다는 소식에도 함께 기뻐하고 축하했다. '축하해'라는 말을 건네며 웃음을 나누거나 축하 선물로 마음을 전하는 일은 우리에게 자연스럽게 자리 잡은 습관이다.

그러나 위로는 어떨까. 위로해야 하는 일 앞에서는 늘 망설여진다. 말 한마디로는 부족한 것 같고 때로는 그 한마디가 상처가 되기도 한다. 엄마의 장례식을 치른 후에 한 친구가 내게 건넨 말이 있다.

"그러게…. 엄마한테 더 잘했어야지."

가까운 친구였기에 상실 앞에서 그 역시 안타까움과 슬픔을 담아낸 말이었으리라 이해하려 애썼지만, 당시의 나는 그 말이 상처로 다가왔다. 그때 알았다. 위로라는 건 결코 쉽지 않고 오히려 더 조심스러워야 한다는 것을.

세월이 더 지나다 보니 슬픔 앞에 서게 되는 일이 많아졌다. 아픈 이별을 겪은 이에게, 예상치 못한 상실을 마주한 이에게 그리고 그저 삶에 지쳐 마음이 무너져 있는 이에게. 하지만 위로는 '축하해'처럼 정해진 말이 없다. '힘내'라는 인사조차 때로는 공허하게 들릴 때가 있다.

슬픔과 우울이라는 감정의 무게가 얼마나 무거운지를 알기에 함부로 말할 수 없어진 걸까, 그래서 나는 위로의 말 앞에서 더욱더 여러 번 살핀다. 지나치게 가벼운 말로 상처 주지 않고 싶고, 너무 무거운 말로 부담을 주고 싶지 않다. 그래서 말 대신에 손을 잡아주거나 눈빛으로 마음을 전하며 침묵으로 곁에 머무는 방법 또한 배워갔다.

특히, 모리함을 통해 어려운 순간마다 나를 일으켜준 분들도 만나게 되었다. 힘든 일이 닥쳤을 때마다 신기하게도 '짠' 하고 나타나주시는 분, 늘 햇살 같은 미소와 뛰어난 패션 감각과 백설기 같이 하얀 피부를 지닌 분. 정말 멋지고 존경스러운 마음으로 닮고 싶은 어른이다. 내가 투정 부리듯이 힘든 이야기들을 쏟아내면 그런 일들쯤은 거뜬하게 이겨낼 수 있단 생각이 들게끔 지혜와 위로를 주신다.

만날 때마다 꼭 포옹해주시는 분도 있다. 그분에게서 진심어린 포옹의 힘이 얼마나 위대한지 배웠다. 작년 아빠의 장례식 발인 날, 새벽에 달려와 꼭 안아주시던 기억. "너무 늦었죠, 이때가 제일 힘든 시간일 텐데…" 하며 내 손에 보랏빛 등꽃이 예쁘게 수놓인 손수건을 쥐여주셨다. 어찌나 부드러운지 하염없이 눈물이 쏟아져도 잘 버틸 수 있었다.

내가 받은 위로를 통해 조금씩 위로하는 방법을 배웠다. 그리고 위로는 정답이 있는 말이 아니라, 진심을 담아 곁에 머무는 일이라는 것을 알게 되었다.

모리함은 종종 '위로의 방법'을 찾는 자리이기도 하다. 말로는 다 담기지 않는 위로의 마음들을 액자에 오래 남기고자 하는 바람으로 오신다. 그중 오래 기억되는 일들이 있다. 처음에는 의뢰인과 함께 오신 동행인 줄 알았다. 서로를 친한 언니와 동생 사이라고 소개해주신 두 분이었는데,

사실 의뢰품의 주인은 동행으로 오신 동생이었다. 안타깝게도 사고로 무지개다리를 건넌 반려견 보리로 인해 슬퍼하는 동생을 위해 언니가 먼저 모리함을 예약하고 함께 찾아오신 것이었다.

우리는 보리가 좋아하던 것들에 대해 이야기를 나누고 액자에 담을 사진도 함께 골랐다. 언니도 반려견을 키우고 있으시다 보니 아마 그 슬픔을 더 깊이 공감하셨을 거다. 그래서 나는 더욱 정성을 다해 액자를 완성해드려야겠다고 마음먹었다. 평소 보리가 즐겨 입던 옷과 행복했던 하루의 사진을 담아 액자가 완성되던 날, 모리함 입구의 큰 흰 벽에 걸어두었다. 문을 열고 들어온 동생분은 액자를 보는 순간 왈칵 눈물을 터뜨리셨다. 그 장면은 이루 말할 수 없는 감정을 남겼고 나는 그 액자가 오래도록 곁에서 위로가 되어주길 기도했다.

시간이 흘러 몇 년 뒤, 동생분에게서 다시 연락이 왔다. 오랜만의 예약 소식에 반가운 마음으로 기다리고 있었는데, 그날 모리함 문을 열고 들어오시는 순간 깜짝 놀랐다. 그 옆에는 몇 년 전 의뢰인으로 오셨던 언니분이 함께 계셨다. 이번에는 언니분이 키우던 반려견이 암으로 무지개다리를 건넌 것이었다. 위로를 받았던 동생이 이번에는 언니를 위로하고자 모리함을 찾으신 거였다.

그날 위로가 어떻게 이어지는지를 배웠다. 누군가에게서 받은 위로는 사라지지 않고 또 다른 누군가를 향해 닿았다. 보리의 액자가 언니와 동생을 이어주었듯 모리함은 그들의 기억과 마음이 서로에게 닿을 수 있는 다리가 되어주었다. 위로란 결국 받은 마음을 다시 건네는 일인지도 모른다.

그런 위로의 마음은 다른 액자로도 이어졌다. 어느 날, 이메일 한 통이 도착했다.

"안녕하세요, 인스타그램에서 어머니 유품이라는 꽃신과 손가방 표구 작품을 보고 감동받았습니다. 힌트를 얻어 저도 비슷한 작업을 해보려고 연락드렸어요. 변변한 유품은 없지만 아버지 한복으로 복주머니 두 개를 만들었습니다. 좋은 비단도 아닌 것 같지만, 그래도 기억하고 싶어서 액자로 만들고 싶습니다. 아버지 제사를 모시겠다는 언니와 대판 싸우고 화해의 뜻으로 전하려 합니다."

함께 보내온 사진 한 장에는 매듭이 예쁘게 달린 복주머니 두 개가 나란히 놓여 있었다. 나는 답장을 적었다.

"소중한 이야기를 나눠주셔서 감사합니다. 모리함이 위로와 추모의 뜻깊은 역할을 할 수 있도록 정성을 다하겠습니다."

비장한 마음으로 약속한 날짜에 뵙기로 했다.

사진으로 본 것보다도 더 동그랗고 예쁜 주름이 잡힌 복주머니였다. 남겨주신 글을 통해 의뢰인의 마음을 충분히 공감하고 있었기에 실례가 되지 않게끔 더 이상 사연에 대해서는 묻지 않았다. 좋은 재료를 쓰고 싶으시다는 말씀에 가장 고운 다듬이 모시를 꺼내서 보여드렸다. 다듬이 모시는 천연 염색한 모시를 다듬이로 두드려 거친 결을 없애 마치 비단 같이 곱다. 의뢰인은 은은한 연보랏빛이 마음에 든다고 하셨다. 가장 잘 어울리는 원목도 함께 추천해드리고 언니를 만나러 가는 날 전까지 꼭 액자를 완성해드리기로 했다.

복주머니 안에 구름 솜을 가득 채워 복스럽고 예쁜 주머니 형태를 잡았다. 가벼운 오브제들은 액자 안에서 떨어질 염려는 없지만 이동 중이나 작은 충격에도 흐트러질 수 있어서 작은 주름 하나도 예쁘게 잡아 고정하는 것이 좋을 것 같았다. 만두 같은 주름과 여러 매듭이 자연스럽게 보일 수 있도록 보이지 않는 곳을 옷핀으로 고정하며 정성을 기울였다. 그렇게 좋은 날마다 아버지가 꺼내 입으셨던 한복은 세상에 하나뿐인 복주머니로 남겨지게 되었다.

작업을 마치며 의뢰인께 메시지를 전했다.
"일 년 내내 복주머니를 차면 좋지 않은 기운을 쫓고 만복이 온다고 해요. 이 액자가 매일 시선이 닿는 곳에서 아버지께서 그러셨던 것처럼, 두 자매를 나쁜 것들로부터 지켜주고 좋은 일들로 가득 채워주기를 바랍니다."

나는 여전히 위로하는 법을 배우는 중이다. 그러나 모리함을 통해 만난 이들은 내게 가르쳐주었다. 말이 아닌, 액자 하나로도 충분히 전해지는 위로를. 모리함 액자가 오랫동안 곁에 머물며 그들의 삶을 매일 지켜주기를 바란다.

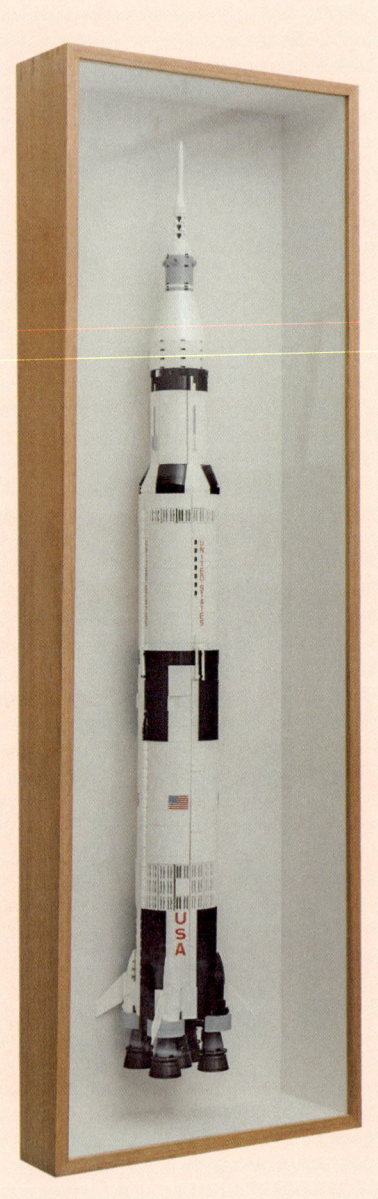

'나'의 이야기

사람은 관계의 존재라고 한다. 우리는 언제나 가족이라는 울타리 안에서 그리고 사회라는 더 큰 틀 안에서 정의되는 것 같다. 특히 한국 사회에서 '나'는 종종 '우리'의 뒤에 놓인다. 부모의 자식으로, 누군가의 형제자매로, 어떤 조직의 일원으로 살아가며 그렇게 '나'라는 존재는 관계들로 설명되기도 한다. 그래서일까 모리함이 만나온 '당신의 이야기'들 중에도 오롯이 '나'의 이야기가 담긴 표구들은 드문 편이다. 대부분은 자녀나 부모에 대한 기억을 담거나 취향을 반영한 심미적인 오브제들이다. 그렇기에 '나'의 이야기를 직접 담는 의뢰인을 만나는 일은 더 귀하고 소중하게 느껴진다. 관계 너머 유일한 나를 마주하는 일은 어쩌면 삶의 가장 깊은 안쪽을 들여다보는 순간일지도 모른다.

어느 날 예약 문의와 함께 도착한 사진 한 장은 정교하게 조립된 레고 아폴로 우주선이었다. 크기가 꽤 커 보였고 상담을 위해 직접 들고 가면 되는지 물으셨다. 대략적인 크기를 여쭤본 후 미리 준비해두겠다는 말씀을 드렸다. 한편으로는 걱정도 앞섰다. 레고처럼 조립 구조로 된 물건은 표구 과정에서 분리될 위험이 종종 있기 때문이다. 게다가 이처럼 조각 수가 많고 큰 경우는 무게도 상당하다. 고민이 되는 만큼 그 안에 담긴 이야기도 궁금해졌다.

며칠 뒤, 의뢰인을 직접 만나 이야기를 들을 수 있었다. 자신을 평범한 직장인이라고 소개하셨지만 사연은 평범하지 않았다. 원래 회사 생활에서도 나름대로 삶에 만족하며 지내고 있었지만, 여러 개인 사정으로 퇴사를 결심하게 되었다고 하셨다. 그리고 퇴사하던 날 직장 동료가 마지막 인사와 함께 건넨 선물이 바로 이 레고 아폴로 우주선이었다.

"예전에 같이 일하면서 꿈에 대한 이야기를 한 적이 있었어요. 그때 제가 사실은 NASA에 들어가는 게 어릴 적 꿈이었다고…. 그냥 흘러가는 이야기였는데 그걸 기억해주었더라고요."

그 동료는 '언제든 꿈을 잊지 말라'며 이 우주선을 선물했다고 한다. 그렇게 작은 블록 하나하나를 맞춰가는 시간

동안 의뢰인은 잊고 지냈던 꿈을 다시 마주하게 되셨다고 한다. 그리고 지금은 새로운 시작을 준비하고 있다며, 새로 마련한 나만의 작업실에 이 우주선을 모리함에 담아서 두고 싶다고 하셨다.

아마 의뢰인이 기억하고 싶었던 건 단지 우주선의 형태만이 아니었을 것이다. 조각들을 하나씩 맞춰가던 그 시간들에서 흩어졌던 마음들이 다시 모이고, 멈췄던 꿈이 천천히 제 궤도를 찾아가던 과정들을 기억하고 싶으셨던 건 아닐까.

나 역시 인생의 4분의 1동안 회사를 다니며 한 분야의 일을 업이라 믿고 살아왔다. 내 일에 애정을 가지고 나름의 전문가라 자부하며 평생을 그곳에 있을 거라 생각했다. 그런데 지금 나는 표구라는 또 다른 일을 하며 여전히 삶의 조각들을 잇고 있다. 완전히 새로운 것을 시작한다는 게 얼마나 큰 용기와 부단한 노력을 요하는지 알기에 이 의뢰인의 마음이 더욱 깊이 전해졌다. 그래서 더욱 완전하고 단단하게 담아드리고 싶었다. 그 마음이 흔들릴 일이 없도록 오래오래 광활한 우주를 마음껏 항해할 수 있도록.

레고나 건담처럼 조립된 구조물의 경우, 접착제가 조각

사이로 흘러나오지 않게 하면서도 충분히 고정될 수 있도록 도포량을 조절하는 것이 중요하다. 접착제가 너무 적으면 고정되지 않고 많으면 흘러나와 조형의 완성도를 해치기 때문에, 둥근 구조를 살펴가며 적정량을 찾아야 했다. 그렇게 조립된 블록들을 단단히 고정하면서 작업을 시작했다. 이 기본 작업을 마치고 나니 확실히 우주선 전체가 하나의 구조체처럼 힘을 받는 게 손으로 느껴졌다.

표구 작업에서 가장 중요한 단계는 벽에 걸었을 때 중력의 영향을 받아도 안정적으로 유지되는 것이다. 중력의 영향을 가장 많이 받는 우주선 하단 분사구 안쪽에는 보이지 않는 받침을 추가하고, 지름이 더 작은 중간 본체 부분과 액자 안쪽 벽이 맞닿는 부분에도 받침을 덧대어 무게 중심이 자연스럽게 분산되도록 했다. 이때 보강재로 쓰인 받침들은 액자 안쪽을 감싸고 있는 미색 광목천으로 동일하게 마감하여 시각적으로 거슬리지 않도록 마무리했다. 그렇게 길이 1.2m에, 두께가 무려 16cm에 이르는 손을 활짝 펼쳐야 양손으로 간신히 들 수 있을 정도의 너비를 가진 원목 프레임이 완성되었다.

통 원목을 가공해서 만들다 보니 너비가 넓은 프레임은

작업하기가 까다롭다. 하지만 처음에 우려했던 이 작업은 마치 응원의 기운이 닿은 듯 잘 진행되었다. 완성된 모리함은 무사히 의뢰인께 잘 전달되었고, 며칠 뒤 작업실 한쪽 벽에 걸린 우주선의 사진을 받아보았다. 마음 속 궤도를 오래 맴돌던 꿈이 착륙한 순간이었다.

'나'를 향한 또 하나의 모리함이 있었다. 출산과 육아로 잠시 경력이 단절되셨다는 한 의뢰인께서 자신이 걸어온 커리어의 흔적을 한 프레임에 담고 싶다고 말씀해주셨다.
"사실 하루하루가 너무 정신없이 지나가다 보니 내가 어떤 일을 했는지도 가물가물해지더라고요."

그렇게 꺼내진 것들은 오롯이 '나'로 존재하던 시간들이었다. 사실 이 의뢰인과 마주한 날 그녀는 두 따님의 얼굴을 그린 그림을 액자로 제작하고 싶다고 하셨다. 아이들의 이야기를 모두 나누고 난 뒤 한동안 망설이시더니 멋쩍은 미소를 띠며 말씀하셨다.
"이건 조금 쑥스럽긴 한데요…. 제 것도 하나 만들고 싶은데 액자까지 하는 게 과한가 고민이 되어서요."

테이블 위에 하나씩 펼쳐진 오브제들은 학창 시절 활동을 증명하는 작은 배지들과 명찰, 사회에 첫발을 내딛었던 사원증과 이후의 명함들이었다.

"정말 멋지세요. 꼭 기록하셔야 해요. 나중에 아이들이 보면 얼마나 자랑스러울까요, 그리고 무엇보다 나 자신에게도 자랑스러운 일이잖아요."

그렇게 눈에 잘 보이지는 않았지만 분명 존재했던 수많은 날들의 노력과 시간이 되살아났다. 증명사진 속 웃고 있는 한 사람의 머리 모양과 옷차림은 세월에 따라 달라졌지만, 모든 장면은 한 사람의 생을 빛내고 있었다.

'꼭 기록하셔야 해요'는 내 마음 깊은 곳에서 나온 말이었다. 그건 내가 엄마에게 그리고 훗날의 나에게도 해주고 싶은 말이었는지도 모른다. 나는 이제야 우리 엄마를 한 사람의 역사로서 온전히 존경하게 되었다. 첫 취직을 하고 독립해 짐을 꾸리던 어느 날, 오래된 박스 속에서 엄마가 써 준 쪽지를 발견한 적이 있다. 아마 내가 초등학교 3학년쯤이었던 걸로 추정되는 내용이었다. 빨래를 접어줘서 너무 고맙다는 글이 쓰여 있었다. 그 당시엔 그때에 내가 그랬는지 기억도 안 났고, 빨래를 갰다는 이유로 쪽지까지 남겨준 엄마가 마냥 귀여워 피식 웃고 말았다.

시간이 한참이나 지나서 나와 같은 세대의 워킹맘 동료들, 임신을 고민하는 자영업자 친구들과 함께 살아가며 문득문득 그 시절의 엄마가 너무나 대견하고 안아주고 싶어서 간절히 보고 싶어지는 날들이 많아졌다. 그날 엄마가 나에게 해준 '참 예쁘고 고맙구나'란 말은 사실 그날의 엄마가 들어야 하는 말이었다.

그때 엄마는 지금의 나보다 더 어렸다. 자영업을 하며 워킹맘으로 살았고 치매 걸린 시아버지를 십 년이나 돌보았다. 아빠는 여덟 남매 중 막내였다. 내가 아주 어렸을 적에 할아버지가 치매인 줄도 모르고 컸을 정도로 엄마는 정말 부지런히 깔끔하게 할아버지의 배변들을 받아냈다. 동생이 탄 유모차를 끌고 있는 할아버지 옆에서 나는 한쪽 손을 허리춤에 올리고 고개를 까닥하며 웃고 있거나, 할아버지와 나란히 앉아 있는 평화로운 사진들만이 남아 있었기 때문이다. 다 커서야 아빠가 가끔 네 엄마에게 평생 잘해도 부족하단 말을 하실 때에야 엄마의 고생을 어렴풋이 짐작할 수 있었다.

내 유년의 사진들에 담긴 것처럼 그 시절의 엄마와 아빠도 매일이 청춘이었을 텐데, 아무도 기록해주지 않았던 매일을 치열하게 살아낸 두 분의 시간이 이제는 희미해져서 마음이 저릿했다. 그 시절을 지내온 부모님을 마음 깊이 존경하고 수고하셨다고 기록해드리고 싶은데, 나를 키우는 시간 동안 너무나 바빠 스스로의 것들을 남길 새가 없으셨던 것 같다. 그 시간들이 막연했다. 얼마 전 본 드라마에서 이런 대사가 나왔다. "그들의 푸름을 다 먹고 내가 나무가 되었다"라고.

'나'를 위한 기록이란 결국 나를 키운 뿌리의 시간을 기억하는 일이다. 내가 자라나기 위해 기꺼이 내어준 그 푸른 시간들을 위해서라도 내가 그 시간을 기억하고 담아야 한다. 그래서 '나'를 위한 기록은 여러 관계 속에서 흐릿해졌던 내 이름을 또렷이 그려보는 일이기도 하다. 그 누구보다 먼저, 내가 나를 기억해주는 일.

사라지는 것들을 사랑하는 방식

일기장은 스마트폰의 메모장이나 SNS의 짧은 글로 쓰이고, 손 편지는 읽음 표시가 뜨는 메시지로 대체되었다. 우리는 대부분 같은 브랜드의 휴대폰을 들고, 비슷한 모양의 아파트에 살며, 트렌드라는 이름 아래 서로 비슷한 것들을 보고 입고 먹고 살아간다. 편리하고 빠른 삶이 가끔은 숨이 가쁠 때가 있다.

그렇기에 오히려 모리함을 찾는 젊은 세대의 의뢰인들 중에는 조부모님 시대의 물건들을 담으려는 분들이 종종 있다. 그 물건들은 우표, 성냥, 파이프, 베갯잇, 주판 등등이다. 한때는 어느 집에나 있던 흔한 물건들이 이제는 역사 속으로 사라지고, 어떤 이들에겐 유물처럼 귀하게 남는다. 어쩌면 그것들이 집 안 서랍 속에 남아 있는 마지막 세대가 지금 우리가 아닐까.

우표를 모으던 시절이 있었다. 지금 초등학생들의 포켓몬카드 붐보다 더 보편적이었을지도 모른다. 초등학교 방과 후에는 우표 수집반이 있을 정도였고, 문방구에는 우표첩과 핀셋, 확대경이 함께 들어 있는 세트가 판매되곤 했었다. 당시의 우정사업본부에서는 매달 새로운 주제의 우표들이 발행되었다. 그러다 보니 우표는 단순한 우편 요금의 증표뿐만 아니라 그 시대의 문화와 예술, 정치와 과학이 담긴 일종의 '작은 미술관'이었다.

  때로는 편지를 받는 것보다 그 위에 붙은 우표가 더 반가운 적도 있었다. 조심스럽게 봉투를 오려 물에 불려 우표만 살살 떼어내고, 책 사이에 끼워 하루 동안 눌러둔 뒤 다시 꺼내 우표첩의 빈자리에 채워 넣던 일. 아마도 많은 이들의 우표첩 속에는 각자 유년의 시간들이 채워졌을 것이다. 그렇게 작은 종잇조각에 수많은 사람들이 마음을 두는 시간들이 다시 올까? 지금 생각해보면, 기다림과 수집이라는 행위였기 때문인 것 같다. 어쩌면 수집은 인간만이 할 수 일처럼 느껴진다. 의식주의 유용함이 없더라도, 사라져가는 무언가를 사랑하고 간직하려는 마음으로 글과 언어로 다 담아내지 못한 마음을 작은 수집품 하나에 실어 기억을 이어가려는 하나의 방식 아닐까.

그 시절의 기억을 품은 의뢰인을 만난 적이 있다. 할아버지가 보내주시던 엽서에서 우표들을 모으셨다고 했다. 지금은 돌아가신 할아버지를 추억하며 액자에 담을 우표들을 의뢰인과 함께 골라보았다. 다양한 나라와 그림이 담긴 우표들에 스탬프가 찍힌 모습이 그대로 남아 있어 더 소중하게 느껴졌다. 나는 조심스럽게 아이디어를 제안드렸다.

"혹시 보관 중이신 엽서를 하나쯤 함께 담아보시는 건 어떠세요?"

며칠 뒤 그 제안을 기쁘게 수락해주신 의뢰인께서 엽서를 다시 가져오셨다. 우리는 '작은 미술관'이라는 표현처럼 작은 우표들 하나하나에 받침을 만들어 작품처럼 입체적으로 연출했다. 각각의 프레임 안에서 그때의 추억들의 자리를 잡아갔다. 완성된 액자는 정말 근사했다. 그리고 작업 내내 떠올렸던 문장을 마지막에 의뢰인께 전했다.

"할아버지가 보내주시던 엽서에는 온 세상이 담겨 있었습니다. 엄지만큼 작은 종이에 한 시대의 역사와 예술, 문화가 근사하게 들어 있었고, 그것은 곧 할아버지의 정성이자 다녀가신 삶의 기록이었습니다."

엽서 마지막 줄에 할아버지의 필체로 적혀 있던 세 글자가 유독 내 마음에 오래 남았다.
"안녕히…."

또박 또박 마음을 눌러 글을 쓰고 작은 우표를 고심해서 골라 붙이는 그 모든 순간의 정성과 낭만은 다시 보아도 여전히 멋지다.

지금은 사라진 일상의 물건 중에 또 하나의 기억은 주판이다. 특히 요즘 아이들에게는 생소한 물건일지도 모르지만, 작은 구멍가게의 계산대 위에 혹은 장부 옆에 늘 놓여 있던 물건이기도 하다. 어렸을 적 주판을 가르치는 주산학원도 흔했다. 주판을 신발에 묶거나 뒤집어서 롤러스케이트처럼 타거나 주판알을 머리에 대고 문지르는 장난꾸러기들의 장면이 선할 정도로 친숙한 물건이었다. 지금도 몇몇 군데에 주산학원이 남아 있기는 하지만, 이제는 코딩학원의 수를 따라가기 어려운 시대가 되었다.

그 시절, 주판은 누군가의 생업이자 하루의 리듬이었다. 어느 날 모리함을 찾은 의뢰인은 할아버지와 어머니를 거쳐 자신에게로 전해진 오래된 주판을 꺼내 보여주셨다. 3대째 같은 일을 해오고 있으시다는 의뢰인은 닳아 있는 주판알을 손끝으로 쓰다듬으며 그 속에 묻어 있는 가족들의 시간을 이야기해주셨다. 그 주판에는 윗세대의 고단한 하루들과 손끝으로 올리고 내리며 지나간 무수한 숫자들, 그렇게 타산을 헤아리며 성실히 이어온 삶의 결실이 남아 있었다.

이렇게 한 사람의 추억이 모두에게 각자의 낭만을 떠올리게 하는 물건들이 있다. 이제는 일상에서 점점 사라지고 기억의 틈에서야 겨우 소환된다. 하지만 우리는 그 물건들이 품고 있는 한 사람의 연대기, 함께 지내온 시대가 품고 있는 추억의 위대한 힘을 안다. 사라져가는 우리의 낭만을 봉인해두는 일, 그것이 표구를 통해 우리가 붙잡고자 하는 마음이다.

지금 우리는 기록보다 삭제가 빠르고 보관보다는 소비에 더 민감한 시대를 살아가고 있다. 그러니 한 장 한 장 천천히 모았던 우표첩의 무게와 한 알 한 알 팅기던 주판의 리듬은 우리가 붙잡아야만 남아 있을 수 있는 기억들이 되었다. 지금 우리가 남겨야 할 아름다움이 있다면, 그것은 더 이상 새로 만들어지지 않는 것들이다. 너무 가까이에 있어서 사라지고 있는 줄도 몰랐던 것들, 그저 무심히 지나쳤지만 일상을 지키던 사소한 물건들이 어쩌면 오늘을 가장 다정하게 기억해주는 방식일지도 모른다.

사진이 우리를 기억할 때

가수 김진호 씨가 〈가족사진〉을 부르는 영상은 5천만 번 이상 조회되었다. 좋은 곡에는 칭찬이 달리고 명곡에는 사연이 달린다. 댓글에는 수만 개의 사연이 기록되기 시작했다.

"사랑하는 사람들과 웃음꽃 피는 지금을 살 수 있는 지혜가 늘 여러분에게 함께하기를 바라겠습니다."

하늘에 계신 아버지께 띄우는 노래였다는 김진호 씨의 말처럼, 지금 곁에 사랑하는 사람들과 함께 있는 이들에게 전하고픈 메시지였을 것이다.

꽃망울 같은 어린 시절부터 만개한 날들 그리고 열매를 맺고 다음 계절을 준비하기까지 모리함에는 한 사람, 한 가족의 역사를 하나의 액자에 담는 일이 많다. 한 장면으로 보는 그 세월은 한 그루의 나무를 닮아 있다. 이렇게 여러 세대의 시간을 담는 작업을 우리는 '가족역사 모리함'이라 애정을 담아 부른다. 부모님의 환갑이나 칠순을 기념해 자녀분들이 찾아오기도 하고 돌아가신 조부모님이나 부모님을 기리는 마음으로 의뢰해주시는 경우도 많다.

특히 오래된 흑백사진 한 장에는 말로 다 하지 못할 시간이 담겨 있다. 예전에는 사진 한 장을 남기기 위해 필름을 사거나 옷을 단정히 차려입고 사진관 의자에 앉아 숨을 고르던 순간들이 있었다. 그때의 사진은 기억을 간직하기 위한 하나의 의식이었다.

수전 손택은 《사진에 관하여》에서 이렇게 말했다.

> 모든 사진은 메멘토 모리이다. 사진을 찍는다는 것은 다른 사람(또는 사물)의 죽음, 연약함, 무상함에 동참하는 것이다. 그런 순간을 정확히 베어내 꽁꽁 얼려 놓는 식으로, 모든 사진은 속절없이 흘러가 버리는 시간을 증언해준다.

사진을 찍는 일은 결국 사라짐에 동참하는 일이자 속절없이 흘러가 버리는 시간을 포용하는 일이라는 것이다. 모리함이 만나는 사진들도 그렇다. 빛바랜 인화지는 이미 과거의 것이지만, 그 안에 남은 마음은 여전히 현재형으로 살아서 다음 세대에게까지 전해지고 있다.

이제 우리는 모두 손안에 카메라를 쥐고 있다. 기술의 발전은 이제 누구나 매일의 기쁨과 사랑을 기록할 수 있게 만들었다. 어쩌면 과거에는 카메라가 귀해 놓쳤던 행복을 이제는 더 자주, 더 가까이에서 발견할 수 있는 시대인지도 모른다. 물론 사진이 넘쳐나는 풍요의 세상 속에서 우리는 종종 그 의미를 가벼이 여기기도 한다. 우리는 사진의 가치를 다시 고민해봐야 한다. 사진을 잘 찍는 기술보다 마음을 담는 용기가 더 필요할 때가 있다. 꾸밈없는 얼굴, 사랑하는 이들과 함께한 평범한 하루. 그런 진짜의 순간들이 모여 시간이 흐른 뒤 우리가 그리워하는 삶이 될 것이다.

어느 가을의 끝자락에 한 의뢰인을 만났다. 그분은 어머니의 시간들을 담고 싶다고 하셨다.

"엄마가 건강이 안 좋으셔요. 힘내시라고 이 사진들을 모리함에 담아서 보여드리고 싶어요."

사진 한 장, 한 장을 꺼내며 말씀하시는 의뢰인의 손끝을 따라가니 눈부실 정도로 환하게 웃고 계신 어머니의 모습들이 있었다. 그 미소가 너무 따뜻해서 편찮으시다는 말이 믿기지 않았다. 왜인지 팔짱을 끼고 앉아 계신 독사진을 보는 순간, 나도 모르게 우리 엄마가 떠올랐다. 뜨거운 마음이 가슴 깊은 곳에서 쏟아졌다.

내 표정을 읽으셨는지 "대표님이 만드신 어머니의 진주 목걸이 액자도 봤어요"라고 의뢰인이 말을 이으셨다. 우리는 잠시 눈을 마주보고 미소를 주고받았다. 말로 다 하지 않아도 마음으로 전해지는 순간이었다.

테이블 위로 시간의 순서대로 사진들이 펼쳐졌다. 흑백 사진 속 부모님의 무릎에 안긴 돌 아기는 어머니의 돌 사진이었다. 이 보석 같은 눈을 가진 아이가 자라서 학창시절을 지나고 사랑하는 연인을 만나 서로를 마주보고 있다. 그리고 어머니의 키만큼 자란 두 따님과 함께 네 가족의 장면으로 이어진다. 특히 이 네 가족의 사진을 가장 큰 사이즈로 제안해드렸다. 그리고 나머지 사진들의 크기와 색감을 조금씩 조정하면서 여러 시안을 두고 의뢰인과 이야기를 나누었다.

의뢰인이 선택하신 미색의 광목천은 표백하지 않아 자

연스러웠고 사진들은 그 위에 따뜻한 공기를 머금은 듯 어우러졌다. 비율과 크기가 사진마다 모두 다르기 때문에 조금씩 간격을 조정하며 벽에 걸었을 때 가장 편안한 균형을 찾았다. 깨끗하고 단단하게 잘 만들어진 단풍나무 프레임은 미색의 광목천과 부드럽게 연결됐다. 에어브러시로 미세한 먼지를 털어내며 사진을 한 장씩 다듬었다. 사진의 뒷면에는 앞면에서는 보이지 않게 45도로 잘라낸 보강재를 덧붙였다. 마지막으로 잘 정돈한 사진들을 정확한 위치에 내려놓는다. 이 과정을 마주할 때면 한 사람의 인생이 고요히 펼쳐지는 것만 같다. 그 시간의 결을 따라가다 보면 매번 가슴이 벅차오른다.

픽업 오실 날짜를 안내드리고 약속을 잡았다. 모리함의 문을 열고 들어서면 가장 먼저 보이는 중앙 큰 벽에 완성된 액자를 걸어두고 기다린다. 작업시간 동안 기다려주신 의뢰인들과 함께 보며 이야기를 나누고 감상하기 위한 준비다. 생생히 기억하는 그날은 금요일 오후였다. 여느 때처럼 중앙 벽에 모리함을 걸어두고 기다릴 준비를 마쳤다. 그런데 하필 미팅 일정 두 개가 꼬여버렸다. 의뢰인과 약속한 시간보다 앞에 있던 미팅이 길어졌고 뒤의 약속은 예정보다 빨라졌다. 마음이 바쁘게 흔들렸지만 의뢰인께 시간을 바꿔주실 수 있는지 차마 말을 전하지 못했다. 팀원들과 상의한 끝에 그저 액자를 걸어두고 기다리기로 했다.

잠시 후 모든 미팅을 얼른 마치고 내가 왔을 때 팀원들이 조용히 미소 지으며 말했다.

"의뢰인께 예쁘게 포장해서 액자를 잘 전달드렸어요. 보시고 정말 좋아하셨어요."

나는 대답했다.

"다행이다. 직접 뵙고 인사드리고 싶었는데 아쉬워. 그래도 어머니가 보시고 좋아하셨으면 좋겠어."

"네. 동생분과 아버지도 함께 오셨어요. 액자 앞에서 함께 사진을 찍어드렸어요…."

그 말을 듣는 순간, 나는 목이 꽉 막혔다. 팀원들의 눈빛이 이미 모든 걸 대신 말해주고 있었다. 어머니가 하늘의 별이 되셨다는 소식이었다. 나는 울음이 터졌고, 잠시 시간이 멈춘 듯했다. 해질 무렵에 어두워지는 빛이 작업실로 들어오고 있었다. 허망했다.

나는 엄마와 이별하고 난 뒤로 애도와 위로가 더 어려워졌다. 슬픔이라고만 하기에 더 깊고, 그리움이라고만 하기엔 더 간절한 그 표현하기 어려운 감정들 앞에서는 감히 어떤 말도 쉽게 꺼낼 수 없어졌다.

'조금만 더 일찍 완성했더라면, 어머니가 사진을 보고 조금이라도 힘을 내셨을 텐데….'

슬픔 뒤로 후회와 죄송함이 밀려왔다. 의뢰인에게 보낼 메시지를 쓰다 지우기를 몇 번이나 반복했다.

그러던 중, 한 통의 메시지가 도착했다.

"아빠가 정말 좋아하셨어요. 정성 가득 담아 만들어주셔서 감사합니다."

의뢰인 댁에 따뜻한 빛이 드리우는 벽에 걸린 액자 사진과 함께였다. 그제야 나는 눈을 질끈 감았다. 서로 나누었던 미소처럼 말로 전하지 않아도 마음이 닿았음을 알았다. 그리고 나는 조심스레 답장을 보냈다.

"어머니의 소중한 시간들을 나눠주셔서 진심으로 감사드립니다. 어떻게 마음을 전할까 고민하던 제게 이렇게 먼저 메시지를 보내주셔서 정말 감사합니다. 긴 말로는 담지 못해도 사진 한 장, 한 장 닦던 제 마음이 조금이나마 닿기를 믿습니다. 유난히 추울 거란 이번 겨울이 조금은 더 따뜻했으면 좋겠습니다. 저도, 모리함도 어머니를 오래오래 기억하겠습니다."

    마음을 전하기가 어려웠던 내 모습이 부끄러웠다. 애도의 말을 건네야 할 나는 오히려 의뢰인의 다정하고 깊은 마음을 받았다. 한 장의 사진이 남은 이들의 삶을 한 번 더 따뜻하게 감싸주었다. 사진은 오늘의 나를, 사랑하는 이를 그리고 우리가 이곳에 살아 있음을 증명해주는 가장 일상적이면서도 아름다운 방식이다. 언젠가 이 사진들을 다시 펼쳐보는 날, 우리는 알게 될 것이다. 그 모든 순간이 참 다정한 삶이었다는 것을.

모리함이 지키려는 약속

慕異函. 그리워할 모, 특별하게 다룰 리, 담을 함. '마음으로 그리워하는 것을 특별하게 담는다'라는 뜻이다. 동시에 me'mory'의 '모리'와 '함'을 더해 기억의 상자라는 의미도 품고 있다. 모리함을 처음 시작할 때 '당신의 이야기가 작품이 되는 곳'이어야 한다고 결심했다. 사랑하는 이의 죽음을 받아들이는 과정에서 배운 태도와 표구를 통해 새긴 다짐을 이름과 슬로건 안에 담아두었다. 이 두 가지는 모리함의 영원한 뿌리다.

처음 표구를 한다고 했을 때 주변 사람들의 반응은 참 다양했다. "표구가 뭐예요?"라고 묻는 후배도 있었고 "언제든 돌아와. 자리 비워둘게. 진짜 멋지다"라며 눈을 반짝이던 직장 동료도 있지만, 어떤 이는 "아하…" 하며 말을 잇지 못하기도 했다. 오픈식 날까지도 어떤 일을 하는지 낯설어하는 지인도 있었다. 그것은 앞으로 내가 계속 마주해야 할 일이었다.

나는 최소 40년, 많게는 60년 넘게 작업대를 지켜온 선생님들 밑에서 표구를 배웠다. 그분들의 의뢰인은 대부분 서예가나 한국화, 민화를 하는 이들이거나 관련 기관이나 단체였고 표구는 그들의 작업에 반드시 필요한 마무리 과정이었다. 그래서 서로 오랜 세월 맞춰온 호흡 같은 것이 있었다. 말을 다 하지 않아도 통하는 부분이 있거나 혹은 작업에 대해 설명할 때 생략되는 부분이 생기거나, 의뢰인의 의사보다는 선생님의 방식이 앞서는 경우도 많았다.

하지만 어느새 선생님들의 연세는 환갑과 칠순을 훌쩍 넘기고 있었고, 이 고된 일을 자녀에게 물려주려는 분은 거의 없었다. 일부 대학에 배접을 다루는 과목이 있거나, 그림의 보조 작업 역할로 배울 수는 있다. 하지만 실제로 액자를 만들고 완성해내는 경험까지 닿는 경우는 드물었다. 그 현실을 마주하며 표구사의 역사를 이어 나가야겠다는 사명감이 나에게도 조금씩 자리 잡았다.

그래서 모리함은 처음 표구를 경험하는 사람들이 더 쉽게 다가올 수 있는 곳이어야 한다고 생각했다. '표구'라는 말이 일본어 '효구(表具)'에서 유래했다는 이유로 쓰지 말아야 한다는 의견도 있지만, 나는 오히려 이 단어를 빌려서라도 어렴풋이 '표구사'나 '표구점'을 기억하는 세대들부터라도 더 많은 이들이 직접 경험할 수 있어야 한다고 믿는다. 여전히 "대단한 작품이 아닌데 표구를 해도 되나요?", "이런 물건도 담을 수 있나요?"라는 질문을 자주 듣는다. 그럴 때마다 나는 기꺼이 고개를 끄덕인다. 누군가의 삶을 지탱하는 이야기는 충분히 작품이 될 수 있으니까.

더 많은 사람들이 나만의 작품을 만드는 기쁨을 느끼고, 기억을 담는 일의 가치를 발견하게 된다면 언젠가는 용어조차 자연스럽게 우리만의 것이 만들어질 것이다. 그 길로 향하기 위해 선생님들 말씀처럼 '젊은 사람이 이어 나가줘야 한다'는 것을 나는 안다. 모리함을 시작하면서 가장 중요하게 여긴 가치는 네 가지다.

첫째는 '당신의 이야기'

표구의 다른 명칭은 배첩(褙貼)이다. 褙는 '배자 배'라는 한자로 衣(옷 의)와 背(등 배)가 합쳐진 글자다. 작품의 뒷면에 옷을 입히듯 보존성을 더하면서도 작품을 가장 돋보이게 옷을 입히는 일이 표구다. 그래서 나는 언제나 작품보다 먼저 '이야기'를 묻는다. 같은 그림, 같은 물건이라도 주인의 사연과 놓일 자리에 따라 전혀 다른 옷이 필요하기 때문이다.

그래서 모리함에서는 일대일 상담을 꼭 진행한다. 마련된 공간에서 직접 재료를 펼쳐보고 비교하며 취향과 이야기를 나눈다. 상담은 보통 40분에서 60분이 걸리지만 때로는 며칠, 몇 주가 소요되기도 한다. 이 과정은 표구 일을 오래 해온 분들이 들으면 고개를 갸웃하는 부분이다. 풀의 농도와 가습량이 관건인 표구는 중간에 손을 떼기 어렵고 하나의 작품을 완성하기 위해서도 수십 번의 작업 단계가 있다. 그리고 대부분 열 평 남짓한 공간에서 1인 체제로 운영되다 보니 현실적으로 쉽지 않기 때문이다. 기계로 대체할 수 없는 일이어서 하루 작업량도 정해져 있다. 그래서 사업적인 관점에서는 확장도 쉽지 않다.

선배들은 "팀을 늘려봐라, 상담하는 담당자를 둬라"라고 조언해주지만, 내 손이 닿지 않은 작업은 나조차 만족스럽지 않다. 그래서 모리함 초반에는 새벽 두세 시까지 작업실 불을 끄지 못했다. 낮에 의뢰인들을 만나고 작업을 설계하고 고민하다 보면 작업할 시간이 부족할 수밖에 없었다. 그래서 주말에도 작업대 앞을 떠나지 못했고 신규 예약은 늘 몇 달 뒤로 밀렸다. 그럼에도 상담 시간을 줄이지 않은 건 바로 그 시간이 모리함의 시작이라고 믿었기 때문이다.

그리고 또 하나, 작품이 완성되면 늘 그 액자를 가장 큰 벽에 걸어둔다. 여러 각도에서 빛을 맞춰보고 마음에 남은 미세한 흠이 없는지 살핀다. 의뢰인이 오시는 시간에 맞춰 벽에 걸어두고 조명을 켜놓으면, 그동안의 기다림과 설렘이 한층 더 환하게 빛난다. 그 순간을 함께 기뻐하기 위해 사진을 찍어드리고 작업 과정을 설명하며 관리 방법까지 안내한다.

이 모든 건 내가 과거 액자집과 표구사에서 느꼈던 아쉬움에서 비롯되었다. 더미 속에 끼어 있던 액자, 이미 포장된 채로 급히 건네받은 액자, 부탁한 방식과 달랐지만 "바꿀 수 없다"는 단호한 답변들. 그 기억을 거울삼아 다정하고 따뜻한 공간이 되고 싶었다.

둘째는 '겸손과 책임'

표구라는 일은 작품과 물건, 이야기가 가장 잘 빛날 수 있도록 하는 일이다. 나는 그 태도를 모리함에서도 지키고 싶었다. 모리함을 찾는 분들은 각자의 이유와 무게를 안고 오신다. 때로는 유명인이나 정치인, 재계 총수, 종교인처럼 알려진 이들이기도 하고 때로는 누구에게도 쉽게 말할 수 없는 개인적인 사연을 지닌 이들이기도 하다. 그들은 표구라는 일을 매개로 남들에게는 차마 내놓지 못한 이야기를 털어놓거나 대부분 표구사에서 작업하기 힘든 특별함을 필요로 한다.

요즘처럼 모든 것이 사진과 글로 곧장 공유되는 시대에, 오히려 우리는 정반대의 태도를 택한다. 기록을 맡겨주신 순간부터 더 무겁게 입을 닫고 책임을 지는 것이다. 그래서 상담의 마지막에는 늘 같은 질문을 드린다.

"개인정보 수집 및 이용에 동의하시나요, 모리함 관련 SNS나 매체에 작품 사진이나 사연이 노출되는 것에도 동의하시나요?"

별도 언급이 없는 분들께도 반드시 묻는다. 기록과 홍보가 우선이 아니라, 이야기를 맡겨주신 분의 마음이 먼저이기 때문이다. 그래서 동의는 물론 오히려 우리에게 영감을 주는 후기를 직접 써주시거나, 지인들에게 소개해 함께 찾아와주시는 의뢰인들께는 늘 깊은 감사의 마음을 갖는다. 그들의 신뢰와 응원 덕분에 우리가 다짐한 가치를 흔들림 없이 믿고 다시 작업대로 돌아가 정성을 다할 수 있다. 결국 모리함이 계속 이어질 수 있는 힘은 우리를 찾아온 사람들의 이야기와 그 마음에서 비롯된다.

셋째는 '기다림과 진심'
모리함의 작업은 기다림의 연속이자 시간의 결과물이다. 우리가 다루는 물건은 모두 다르다. 그래서 설계도, 재료도, 손길도 매번 달라진다. 실제 우리 제작 방식의 이력 관리를 위해 기록 단계까지만이라도 시스템화하려는 노력도 꾸준히 하고 있지만, 실력 좋은 기획자와 개발자도 고개를 저을 정도였다. 우리의 작업 방식은 이렇다.

먼저 수십 년을 잘 말린 나무를 고른다. 작품 감상을 해칠 수 있는 옹이가 있거나 결이 거칠다면 과감히 사용하지 않는다. 사각의 틀은 아교라는 천연 접착제를 사용해 나무가 깍지 끼듯 결구 방식으로 짜며 그 안에 담길 대상에 따라 길이와 두께를 다르게 모두 새로 켠다. 호두나무, 흑단목, 벚나무, 참나무, 단풍나무, 옻나무, 참죽나무, 소나무 등의 수종이 주로 쓰이는데 장식이나 조각이 더해지면 종류는 더욱 다양해진다.

프레임과 연결되는 바닥도 물성에 따라 달라진다. 전통 방식으로 짠 창살의 경우 크기와 두께를 맞춰야 내구성이 생기고 경우에 따라 원목판이나 자작나무 합판, 판넬, 아크릴판을 사용하기도 한다. 이때에도 3mm, 5mm, 10mm 등 맞는 두께와 재질을 세심히 따져야 무게와 균형이 잡힌다.

전면을 보호해주는 유리나 아크릴 역시 마찬가지다. 두께가 다양한 것은 물론 제조사와 제조국에 따라 투명도와 품질이 달라 직접 눈으로 보고 선별한다. 특히 요즘 많이 찾는 무반사 유리나 무반사 아크릴은 작은 충격에도 손상될 수 있어 다루는 데 각별히 주의해야 한다. 지문 하나, 먼지 하나에도 신경을 쓴다.

프레임의 안쪽을 감싸는 원단은 마직, 모직, 광목, 합성면, 전통모시, 삼베, 옥사, 춘포 등 현재 보유한 종류만 200종이 넘는다. 원단마다 특성이 다르기에 풀의 농도와 수분량을 달리해야 매끈하게 붙는다. 특히 전통 모시나 삼베는 천연염색으로 인해 티끌이나 색 번짐이 섞여 있기에 설계 면적의 두 배 이상을 준비한다. 직조된 결을 물로 맞추고 한지로 배접해 이틀 이상 건조한 뒤에야 재단이 가능하다.

물건을 담을 때는 고정 방식이 관건이다. 액자는 늘 중력의 영향을 받고 이동 과정에서 흔들리거나 방향이 바뀌기 때문이다. 접착제로 붙이면 간단하겠지만, 소중한 물건에 변질을 남길 수 있어 단순히 사용할 순 없다. 그래서 예를 들어 옷감에는 안쪽에 솜을 채우거나, 본을 뜬 보강재를 대고 보이지 않게 핀을 숨겨 볼륨을 살리고, 둥근 오브제는 두께감 있는 바닥으로 설계해, 바닥을 반원 형태로 파내 둥근 오브제의 3분의 1이상이 담길 수 있도록 몰딩을 만든다. 그래야 둥근 면이라도 부착되는 면적이 넓어져 고정할 수 있다. 비정형 물건은 투명 줄로 수십 차례 바느질하듯 엮는다. 시간이 오래 걸려도 가장 안전하고 튼튼한 방법이다.

모리함에는 그동안 빛을 보지 못하고 보관만 하고 있던 오래된 동양화나 병풍을 현대의 공간에 걸맞게 다시 작업하려는 의뢰인들이 많이 찾아주신다. 서화(글이나 그림)의 경우는 해체부터 시작해야 하는 경우가 많아서 더 긴 인내가 필요하다. 나는 표구를 요리에 비교하기도 한다. 요리사에 따라 같은 재료여도 다른 결과물이 나오는 것처럼 손에서 손으로 이어진 표구는 해체하는 과정에서 앞전 표구사에서 작업한 방식을 살피며 해체 역시 그에 맞춰 진행해야 한다.

특히 이때 오래된 표구의 해체를 함부로 진행하게 되면 삭아서 약해진 부분이 파손될 수도 있다. 수십 년 전의 풀 자국을 녹여내고, 삭아버린 배접지를 겹겹이 떼어내는 데만 수일이 걸린다. 배접지는 두 겹일 수도, 세 겹일 수도 있다. 그리고 종종 표구사에서 사용하는 천연 밀가루 풀이 아닌 본드를 섞어서 쓴 경우에는 곤욕을 치르게 된다. 그 후 다시 질 좋은 한지로 배접하여 다시 건조의 시간을 갖는다.

마르는 동안 작품을 받칠 화판이나 창살을 만든다. 표면과 모서리 부분은 사포질을 꼼꼼히 하여 이물감이 없도록 준비하고 초배, 재배, 띄어붙이기, 띠지* 작업을 차례대로 거친다. 각 과정마다 최소 2~3일의 건조 시간이 필요하다. 완성된 작품의 뒷면이 단단히 붙고 표면이 울지 않기까지 수분량과 습도를 끊임없이 살펴야 한다.

작품 표면의 울렁거림이나 구김 없이 튼튼하게 잘 부착할 수 있도록, 건조하는 환경의 습도에 맞춰 작품에 가하는 가습량과 풀의 농도를 판단하여 작품을 준비한 화판이나 창살에 최종적으로 부착한다.

물건이나 서화 등 모든 작업에서 수평, 수직이나 여백과 간격이 1mm의 차이로도 불편해 보이지 않도록 여러 번 확인하고 신중하게 조립해 마무리한다. 조립 방법 역시 전통

---

* 초배(가장 처음에 한지를 붙이는 작업)-재배(좀 더 강한 한지를 한차례 더 붙이는 작업)-띄어붙이기(표면을 매끈하게 하기 위해 테두리만 풀칠해서 붙이는 작업)-띠지(작품이 붙는 면적에 보강해주는 작업) 등 한지를 부착하는 과정.

방식의 '9'자형 고리나 'ㄷ'자형 못을 사용하기도 하고, 타카핀이나 피스를 사용한다. 그리고 액자를 걸 수 있게 연결해둔 와이어나 고리의 두께만큼 조각 부직포를 후면 사방 귀퉁이에 붙여 작업을 마친다.

이렇듯 모리함의 작업은 수많은 단계가 쌓인 결과다. 수십 개의 도구가 필요하고 그중 어떤 것은 단 한 번만 쓰이지만, 그 한 번이 없으면 완성이 불가능하다. 그래서 모리함의 액자는 단순한 틀을 넘어선다. 기다림과 정성이 배어 있는 시간의 결정체다. 작품이 벽에 걸리는 순간 보이는 단정한 장면 뒤에는, 묵묵히 쌓아 올린 수많은 손길이 숨어 있다.

그동안 모리함과 함께해주신 분들도, 앞으로 함께할 분들도 모두 모리함이 전하고자 하는 이야기에 공감해주셨기에 찾아오신 것이라 생각한다. 진심은 설득을 넘어 사람들을 공감하게 하고, 그 공감은 마침내 감동으로 이어진다는 것을 믿는다. 모리함이 지키고자 하는 기다림과 정성은 진심에서 비롯된다. 이것이야말로 시간이 흘러도 변치 않는 힘이 되어줄 것이다.

넷째는 '함께 이어가는 기억'

모리함은 혼자가 아니라 늘 누군가와 함께 만들어진다. 부모의 삶을 담고 싶은 자녀들, 아이의 첫걸음을 남기고 싶은 부모들 그리고 사랑을 오래 기억하고자 하는 연인들까지. 의뢰인들의 물건에는 각자의 이야기가 있고, 함께 나누며 액자가 완성될 때 기억은 또 다른 시간을 향해 이어진다.

그래서 모리함의 일은 단발적인 결과물에 머무르지 않는다. 한 사람의 삶을 다른 이에게 전하고 다음 세대로 건네기 위해 다리를 놓는 과정이라고 생각한다. 부모님의 물건을 표구한 분이 시간이 흘러 자녀의 물건을 의뢰하고, 그 자녀가 자신의 이야기를 담으러 오는 것을 지켜보며 나는 확신하게 되었다. 기억은 혼자 간직할 때보다 함께 나눌 때 더 오래 머문다는 것을. 모리함이 존재하는 이유도 여기에 있다. 당신의 이야기를 담은 한 액자가, 당신의 가족과 친구 그리고 아직 만나지 않은 누군가에게까지 이어져 새로운 이야기를 피워낼 것이다. 기억은 그렇게 자라고 이어지며, 모리함은 늘 곁에 있을 것이다.

기억을 지키는 숭고한 손들

모리함의 모든 표구 작업에서 꼭 사용하는 대표 재료는 나무, 풀, 한지다. 잘 말린 나무를 천연아교로 튼튼하게 결구해서 짜맞춰 만든다. 양손을 서로 깍지 낀 모습과 비슷해서 전통 목가구에서 손가락짜임법이라고도 불리는 방법이다. 이렇게 잘 만든 프레임은 작품의 집이 된다. 그 집이 튼튼할수록 담긴 기억은 더 오래 머물 수 있다.

그리고 좋은 한지는 보이지 않는 곳에서 기둥 역할을 한다. 작품의 뒷면이나 배경이 되는 원단의 뒷면에 부착해 단단한 밑받침이 되어준다. 물과 풀의 농도에 따라 얼마든지 더 강해지고, 습기나 온도에 따라 유연성을 지니기도 하며 오랜 시간 속에서 그 존재감을 잃지 않는다. 참으로 기특하고 대단하다.

특히 한국 전통한지 제지술 가운데 외발뜨기(흘림뜨기) 기법은 세계 어디에도 없는 우리 고유의 기술이다. 발틀 위에 발을 올려놓고 앞 물을 떠 뒤로 흘리고, 옆 물을 떠 반대 방향으로 흘려보내기를 수차례 반복하면 닥 섬유가 격자망처럼 서로 얽히는 형태를 이루게 된다. 이 과정을 거친 두 장을 서로 반대 방향으로 겹치면 사방 어느 방향에서도 강도가 일정한 질긴 한지가 완성된다. 이 방식은 겉으로 드러나지 않지만, 종이의 균열이나 뒤틀림을 막아주는 핵심 구조이기도 하다. 매일 이 한지들을 만지며 그 우수함을 손끝으로 느끼다 보면 저절로 자긍심이 차오른다.

옛날에 과거시험을 보러 갈 때에는 잘 만들어진 한지를 챙겨갔다. 응시자들은 시험 전날 녹명(錄名)이라 하여 이름, 본관, 거주지, 아버지, 할아버지까지 성명과 관직을 적어 제출했는데 이때 가장 중요한 건 과거시험장에서 쓸 한지를 함께 등록해 직인을 받아두는 일이었다. 그 사람이 얼마나 노력했는지를 한지의 품질로 채점하기도 했으며, 과거시험 답안지로 사용되었던 질 좋은 한지는 궁에서 다시 사용하거나 옷의 안감으로 쓰이기도 했다.

이만큼 좋은 한지를 사용했던 우리나라도 점점 서양지의 보급과 한지 제조의 번거로움 때문에 귀중한 기술들이 사라져가고 있기에 나는 큰 안타까움을 느낀다.

그래서 모리함은 2021년 전통한지 유네스코 인류무형

문화유산 등재추진단 발족과 동시에 공식 후원사로 함께 하고 있다. 전통과 미래를 잇겠다는 의지로 수익의 일부를 기부하며 모리함을 찾는 의뢰인의 모든 액자에 우리 한지를 사용한다.

한지를 만드는 손을 가까이에서 본 적이 있다. 세월의 결이 단단히 새겨진 손이었다. 문경의 김삼식 한지장은 아홉 살 때부터 한지 만드는 일을 시작하셨다고 한다. 그리고 일흔이 넘은 지금까지 60년이 넘는 세월 동안 단 한 번도 한지를 뜨는 일을 놓아본 적이 없다고 하셨다. 그의 하루는 이른 새벽 닥나무를 삶는 연기와 함께 시작된다. 그는 묵묵히 닥을 삶고, 황촉규(닥풀) 뿌리를 고아 만든 점액질을 섞고, 손끝으로 물의 농도를 가늠한다. 이 과정은 기계가 대신할 수 없는 일이다. 그의 손끝에는 한지의 결이, 그의 몸에는 한지의 시간이 스며 있다.

그가 사용하는 닥나무는 모두 직접 키운 토종 닥이다. 매년 심어 150년 동안 그 씨앗들을 지킨다. 한지를 삶을 때 쓰는 잿물은 문경의 콩대와 고춧대를 태워 얻는다. 그 향에는 시간이 쌓아올린 인내와 전통이 배어 있다.

악수를 청했을 때 그의 손은 놀랍도록 따뜻했다. 그 온도에는 닥을 삶던 불의 열기, 찬물 위를 가르던 기운, 그리고 평생을 한길로 살아온 장인의 체온이 함께 느껴졌다. 이제 전통 방식으로 한지를 뜨는 장인이 몇 분 남지 않았다. 그중 국가무형문화재 '한지장'으로 지정된 이는 문경의 김삼식, 의령의 신현세, 괴산의 안치용, 임실의 홍춘수 한지장 단 네 분뿐이다. 이 이름들이 한국 종이의 숨결이다.

전통한지는 자연의 섭리를 따라 사람 손으로만 만들 수 있는 정성의 산물이다. 그 위에 우리의 역사와 언어가 남았다. 최근에는 이탈리아 국립기록유산 보존복원 중앙연구소에서 보존, 복원 용지로 한지를 공식 인증하고, 프랑스 루브르 박물관 또한 문화재 복원 용지로 사용하기 시작했다. 한지는 이제 세계가 인정한 종이이자, 시간을 보존하는 가장 인간적인 재료가 되었다.

산 좋고 물 좋은 우리 땅에서 자란 재료로 빚어낸 전통한지에 더 많은 분들이 관심과 자긍심을 가질 수 있도록 모리함은 오늘도 한지를 만진다.

모리함은 한지 위에 한 사람의 삶과 명예 그리고 한 나라의 역사와 자부심을 함께 올리기도 한다. 추석을 앞둔 가을에 한 의뢰인을 만난 이야기다.

"6.25 전쟁에 참전하셨던 증조할아버지의 유골이 발견돼서, 한참 뒤에야 국가유공자 훈장을 받게 되었어요. 아이가 태어나고 나니 이 역사를 꼭 알려줘야겠다는 생각이 들더라고요."

의뢰인이 꺼내신 붉은빛이 도는 건국훈장 애족장(愛族章)은 깊은 무게를 품고 있었다. "국기를 공고히 함에 기여한 공적이 뚜렷한 자에게 수여한다." 훈장 옆에 있는 '추서(追敍)*'라고 적힌 글씨에 시선을 한참 두었다. 나라를 위해 모든 것을 바친 이들에게 수여되는 훈장이었다. 잿빛을 띠는 조각에 손으로 써진 그 두 글자를 바라보는 순간, 감히 상상조차 할 수 없는 전쟁터의 총성 그리고 돌아오지 못한

---

* 위급한 상황에서 국민의 생명과 재산을 보호하기 위해 자신을 희생해 사회 전체의 귀감이 된 사람, 생전에 큰 공을 세워 국민의 존경을 받으며 덕망을 갖춘 사람에게 죽은 뒤에 관등을 올리거나 훈장을 줌.

이의 마지막 숨이 스며 있는 듯 했다.

"존경스럽습니다."

내가 건넨 그 말이 너무 짧게 느껴졌다. 그래서 나는 그 마음의 여백을 액자 안에 가득 담기로 결심했다. 그동안 작은 물건일수록 배경을 넓게 두거나 컬러 배경에 배치하는 것을 추천해드리곤 했지만 이 훈장은 달랐다. 기억을 세우는 일이었기에 옛 서화를 표구하던 방식에서 착안하기로 했다. 작품 주변으로 테두리에 입체감을 주고 바닥과는 45도로 각을 내어 자연스럽게 연결되는 구조를 잡았다. 바닥재는 전통한지로 보강하고, 작품의 배경으로 삼베 패턴을 사용하고, 훈장의 금장이 정면에서도 온전히 빛날 수 있도록 삼각받침으로 각도를 맞추었다. 그리고 그 아래 정중앙에 '추서' 글자를 두었다.

그들의 숭고한 희생이 오래오래 기억되기를 바라며, 가장 튼튼한 한지와 나무로 액자를 완성했다. 그렇게 한 사람의 용기와 헌신은 지금의 우리를 있게 한 뿌리가 되었다.

어느 날, 한 의뢰인께서 모리함에 방문해주셨다. 여러 개의 메달을 하나의 액자에 담고 싶다고 하시며 반짝이는 금메달을 잔뜩 꺼내주셨다. 금메달의 주인공은 김우진 양궁선수였다!

국민들에게 기쁨과 환희를 안겨주었던 올림픽 금메달리스트의 영광의 순간, 모리함은 그 눈부신 기록들을 액자 안에 담았다. 2016 리우데자네이루올림픽, 2020 도쿄올림픽 그리고 2024 파리올림픽까지. 금메달을 차지한 김우진 선수의 눈부시게 빛나는 영광들이 하나로 모였다. 금메달 하나하나를 나무로 만든 받침에 다리를 세워 만들고, 그 공간으로 메달 끈을 잘 정돈하여 눕혔다. 국민의 한 사람으로서의 감사함과 감히 가늠할 수 없는 노력에 대한 찬사를 함께 담는다. 이후 그의 헌신을 기려 2022 체육훈장 청룡장과 훈장증 또한 표구했다.

현재 우리나라에서는 2014년부터 전통한지로 제작된 훈장증이 함께 수여되고 있다. 모리함은 이 영광이 오래도록 보존될 수 있도록 훈장증서 뒷면을 전통한지로 배접한다. 김우진 선수의 1등급 훈장의 상징이자 어깨끈 형태인 '정장'을 훈장증서의 크기에 맞추어 좌우대칭 균형을 이루게 하고, 중앙에는 배지와 리본 형태의 금장과 약장, 부장을 정렬하여 위엄이 흐트러지지 않도록 했다.

어느 겨울에는 2018 평창올림픽 아시아 최초로 스켈레톤 종목 금메달을 차지한 윤성빈 선수의 금메달을 담아드리기도 했다. 특히 이 메달은 우리나라에서 개최된 만큼 한국의 아름다움이 세심하게 담겨 있었다. 메달 측면에 한글이 새겨져 있고, 두 가지 색이 어우러진 메달 끈은 마치 한복의 옷고름처럼 우아하게 흘렀다. 구겨진 메달 끈을 정성껏 다리고 메달의 무게를 온전히 받칠 수 있도록 뒷면의 보강재도 튼튼히 다듬었다. 우리 한지와 나무로 완성된 모리함 안에서 평창의 겨울이 따뜻한 금빛으로 영원할 것이다. 이 금메달들은 한 개인의 성취이자, 한 나라의 자랑이자, 우리 모두의 행복한 기억이었다. 그 영광과 감동을 후대에 전하기 위해 우리는 이들의 노력 아래 한지와 정성을 내려놓는다.

이렇듯 한 장의 한지 위에는 수많은 손의 온기가 겹쳐 있다. 누군가는 전쟁터에서 나라를 지켰고, 누군가는 묵묵히 종이를 뜨며 세월을 견디고, 또 어떤 이는 활시위를 당기고, 빙판 위를 달리며 세계 무대 위에서 태극기를 올렸다. 모리함은 그 손끝의 이야기를 이어받아 기억을 지키는 액자로 완성한다. 그것은 한 사람의 삶이자, 한 시대의 역사가 된다. 그래서 오늘도 우리는 좋은 한지를 만지고 나무를 다듬는다. 드러내지 않아도 세월 속에 더 깊어질 이 조용하고 단단한 일을 자랑스럽게 이어갈 것이다.

모리앙, 인생을 담아드립니다

일상의 복원

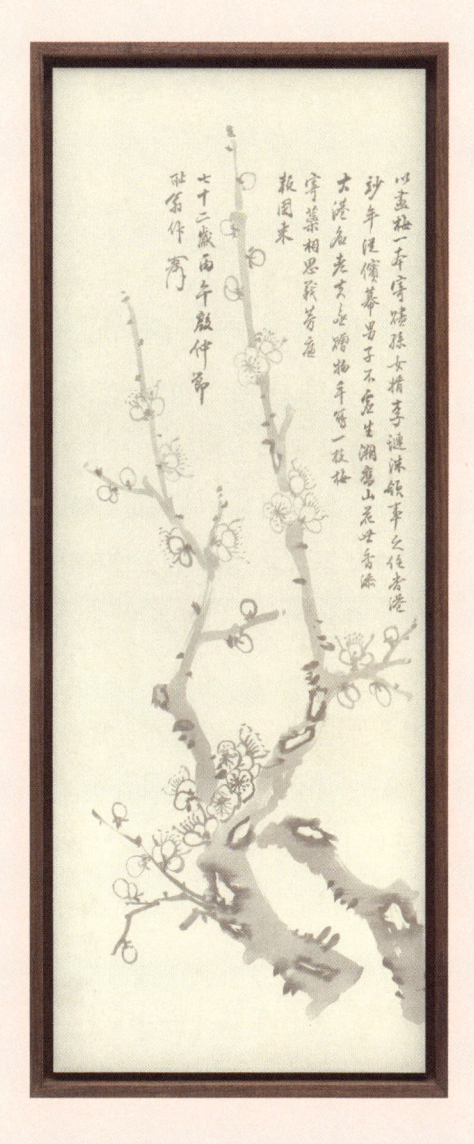

우리는 '복원'이라는 단어를 들으면 대개 박물관 속 국보나 고미술품을 떠올린다. 수백 년 된 그림이나 예술품을 보존하기 위해 흰 장갑을 낀 전문가들이 정밀하게 다루는 장면 말이다. 실제 미술품 복원에는 미학, 역사뿐만 아니라 화공학, 생물학, 물리학 등의 지식들이 총동원된다. 그렇게 쏟아지는 시간과 다양한 기술, 정성이 모여 우리는 오래된 작품을 오늘날에도 감상하며 그 감동을 고스란히 느낄 수 있는 것이다.

서양의 화가들이 캔버스 천 위에 기름 안료를 올려 유화를 그렸다면, 한국의 화가들은 한지 위에 먹과 광물성 안료를 사용해 한국화를 남겼다. 캔버스는 직물이어서 장력을 유지하는 것이 중요하고, 시간이 지나며 갈라지는 두꺼운 안료층을 보강하는 것, 즉 균열과 박락(도료가 떨어져 나가는 현상)의 처리가 핵심이다. 반면 한국화에서 주로 사용되는 한지나 화선지, 비단은 습도에 민감해 겹겹이 배접지(한지)

로 덧대어 안정을 주고 번짐을 주의해야 하는 섬세한 보수가 필요하다.

그리고 모든 작품이 똑같을 수 없듯 복원 역시 하나의 공식으로만 이뤄질 수 없다. 충분한 관찰과 분석, 복원가의 경험과 지식을 통해 경건하게 진행되어야 한다. 무엇보다 잊지 말아야 할 것은, 복원의 본질이 새로움을 더하는 데 있지 않다는 점이다. 지나온 시간들을 바꾸지 않고 그 흔적을 존중하며 오래 버틸 수 있게 돕는 일이다. 다시 말해, 원래의 모습이 지닌 결을 최대한 살려내면서 그것이 앞으로도 오랫동안 시간을 견뎌낼 수 있도록 하는 겸손하고 세심한 손길이 필요하다.

복원이 필요한 순간은 우리 일상 곳곳에도 숨어 있다. 오래 보관해온 가족사진이 햇볕에 바래 희미해졌을 때, 세월이 지나 누렇게 변색된 편지나 증서 혹은 어머니가 손수 지어주신 이불천이 해져버려 더는 쓰기 어렵게 되었을 때도 우리는 그것을 어떻게든 되살리고 싶어 한다. 그 사람의 삶에서는 무엇보다도 가장 귀중한 물건이기 때문이다.

모리함에 맡겨지는 복원에는 이렇게 각자의 귀중한 보

물들이 도착한다. 그래서 나는 개인 소장품의 복원을 대할 때 늘 두 가지 마음을 함께 품는다. 하나는 국보를 대하듯 존중하는 마음이고, 다른 하나는 다시 놓일 일상에 맞는 현실적인 적정선을 지키는 마음이다. 과하지 않게 그러나 결코 가볍지 않게. 이 균형이 바로 내가 개인의 복원을 대하는 태도이다.

어느 날 메시지가 도착했다.
"안녕하세요? 제작 문의를 드리고 싶습니다. 제게 너무 소중한 서화가 한 점 있어요. 1960년대에 저희 엄마 아빠가 결혼하시고 얼마 안 되어서 해외 발령이 나셨는데, 그때 외증조부께서 너무 기뻐하시면서 저희 부모님 선물로 직접 그려주셨다고 합니다. 제가 어려서부터 계속 저렇게 표구된 상태로 저희 집에 걸려 있었어요. 아빠는 제가 어렸을 때 돌아가시고 재작년에 엄마도 돌아가셔서…. 작품이 저희 집에 와 있습니다. 더 오래 간직하고 싶고, 지금 프레임이 집이랑은 좀 안 어울리는 것 같아서요.

저뿐만 아니라 저희 아이들에게까지 귀하게 보존될 수 있는 작품으로 재탄생시키면 좋겠습니다. 보시고 상담을 받을 수 있는지 회신받고 싶습니다."

두 개의 가지로부터 매화꽃이 그려진 액자였다. 그림은 전체적으로 오염이 많이 되었고, 액자의 아래쪽에 곰팡이가 있는 것으로 보아 바닥 쪽에서 올라오는 습기 때문에 훼손된 것 같아 보였다. 나는 망설이지 않고 답장을 썼다.
"안녕하세요, 반갑습니다. 소중한 이야기를 나눠주셔서 감사합니다. 아름다운 매화꽃을 다시 피우고 더 오래 부모님을 기억하실 수 있도록 보수 및 표구가 가능합니다."

며칠 뒤 언니분과 함께 찾아오신 의뢰인을 만나게 되었다. 의미 있는 작품인 만큼 현재 의뢰인 댁에 다시 걸어두고 싶은데, 작품의 상태도 안 좋지만 일반 아파트에 걸기에 어울리지 않다 보니 액자를 다시 현대적으로 만들어 매일 보고 싶다고 하셨다. 그리고 워낙 멋진 작업을 하는 곳인 것 같은데 작업비가 가늠이 되지 않아서 걱정되었다고 말을 이으셨다. 다행히 사전에 일정을 잡는 과정에서 안내된 작업비가 충분히 이해되었고, 방문해서 더 상의하고 싶다고 하셨다.

실제로 본 매화꽃은 비단에 그려진 그림이었다. 그 위로 외증조부께서 한자로 남겨주신 글이 있었다. "매화 그림 하나로 예물을 대신하네. 손녀사위의 홍콩 영사 부임을 축하하며"라는 문장으로 시작되는 글이었다.

"어린 나이에 한 남자를 따라나서 헛되지 않게 살았구나. 소응산 꽃향기는 큰 항구에 이름을 붙인다. 노부가 줄 것은 없고 손으로 매화 한 그루를 그려서 보내니 서로 '의'와 '방렴'함을 생각하고 보국하고 오시게. 72세 병오년 은중절, 부끄러운 늙은이가 짓다."

하늘나라에서 다시 만나셨을 두 분에게 기도하며 그리고 의뢰인의 어린 시절부터 오랫동안 피어 있던 매화꽃에 남겨주신 외증조부의 사랑을 고스란히 후대에도 전할 수 있도록 작업에 정성을 다하자고 또 다짐했다.

예상처럼 액자의 뒷면도 습기로 인해 이미 훼손되어 있었다. 프레임과 연결된 여러 개의 녹슨 못을 제거하고 나면, 프레임과 유리 그리고 작품과 뒷면이 모두 분리된다. 작품 주변으로 장황된 금색 비단들을 해체하고 드디어 마주한 작품의 뒷면 역시 액자의 뒷면만큼이나 오염되어 있었다. 작품의 앞면을 마름붓으로 조심스럽게 쓸어내고, 세밀한 붓이 달려 있는 클리닝기계로 건식클리닝을 진행한다. 작품의 크기만 한 한지를 작업대에 깔고 그 위로 작품의 뒷면을 마주볼 수 있게 뒤집어둔다. 천천히 단계적으로 가습량을 늘리며 작품 뒷면에 배접된 상태를 관찰한다.

최초 표구 작업 때 묽은 풀이 사용된 것을 확인했고 한 장의 배접지가 붙어 있었다. 아주 얇은 비단에 그려진 그림이기 때문에 이 과정에서 비단이 밀리거나 접히지 않도록 결을 보며 마름붓으로 뒷면을 정돈해 나간다. 그렇게 반복하며 일정 시간이 지나면 붙어 있던 배접지가 충분히 불려지고 풀기가 물을 만나 접착력을 잃으면서 천천히 제거할 수 있게 된다. 이때의 가습량과 시간 조절이 관건이다.

오염되어 있던 배접지를 제거하고 나니 온전히 그림만이 남았는데, 다행히 그림까지는 오염되지 않았다. 새하얀 한지 대신에 표백되지 않은 미색의 안동한지로 작품의 뒷면에 새 배접을 한다. 더 이상의 작품 오염을 막기 위해 배접지를 제거했지만, 너무 하얀 작품으로 탄생하게 되면 세월의 멋이 사라질 수 있다고 생각했다. 그래서 기존 작품의 색에서 벗어나지 않는 적당한 미색지를 골랐다.

의뢰인의 요청대로 지내고 계신 집에 어울리는 단정한 액자로 완성되었다. 이렇게 한 번 복원의 과정을 거친 표구는 또 앞으로 수십 년을 튼튼하게 지낼 것이다. "저희 아이들에게까지 귀하게 보존될 수 있는 작품으로 재탄생시키면 좋겠습니다"라는 의뢰인의 말씀이 작업 내내 떠올랐다.

사군자 중 하나인 매화는 추운 겨울을 이겨내고 이른 봄에 가장 먼저 꽃을 피우기에, 희망과 고결함을 상징한다. 그렇게 네 세대를 이어 다시 활짝 핀 매화꽃이 다섯 세대에 걸쳐 전해지며 아이들에게 향기로운 희망이 되기를 바란다.

어느 날, 다급한 SOS 연락이 왔다. 모리함의 첫해부터 계절마다 함께하며 애정을 나누는 각별한 의뢰인이었다. 살고 계신 아파트에 모르는 사이에 누수가 있었고, 그 물이 벽을 타고 아래층까지 번진 것이었다. 의뢰인의 과실이 없었으나 해결하는 중에 일부 피해보상을 해야 하는 과정에서 문제가 된 건, 돈으로 환산하기 어려운 한 물건이었다. 가장 누수가 심했던 벽을 타고 아랫집에 걸려 있던 액자가 물을 맞으며 곰팡이가 피고 훼손된 것이었다. 평소 의뢰인은 인품이 좋으시고 다정한 분이시기에 아마 금액으로 변상할 수도 있었겠지만, 노부부의 그림에 담긴 오랜 추억을 없애고 싶지 않으셨을 것이다. 그래서 복원해드리고 싶다는 마음으로 모리함에 연락을 주셨다.

액자를 해체해보니 뒷면 합판은 이미 물에 불었고, 작품은 모두 들떠 있었다. 전면에는 절반 이상 곰팡이가 피었다. 이때 곰팡이를 손으로 닦아내면 종이에 이염될 수 있어서 에어건으로 1차 제거한 후에 일부 남은 부분들을 칼등으로 들어 올리듯 제거하고, 그 후에 최종적으로 건식클리닝을 진행했다. 액자 프레임은 다시 사용할 수 없을 정도로 물에 불었기 때문에 새 원목으로 단정하게 액자를 완성했다.

다행히 노부부께서 액자를 너무나 마음에 들어 하셨다고 한다. 그리고 누수 문제도 골치 아프지 않게 잘 해결되었다고 하셨다. 아마 의뢰인의 정성 어린 진심과 걱정을 노부부께서도 고스란히 느끼셨던 것 같다.

이처럼 복원은 무엇과도 환산할 수 없는 가치와 직결되는 경우가 많다. 그것은 곧 누군가의 추억과 시간을 지켜내는 일이며, 삶의 한 자리를 다시 세워주는 일이다. 한 장의 그림, 하나의 액자가 다시 제자리를 찾는 순간 그 안에 깃든 사랑과 기억 또한 되살아난다. 나는 모리함을 통해 그 장면을 함께 지켜보며, 복원의 본질이란 결국 흔적을 존중하며 시간을 이어주는 일임을 마음 깊이 배운다.

유품을 위한 자리

우리나라에서 유품은 '정리해야 하는 것'으로 오래도록 여겨져왔다. 샤머니즘적 전통에서는 고인의 물건에 망자의 기운이 깃들어 있다고 믿어 그것이 남아 있으면 산 사람에게 영향을 준다고 했다. 그래서 불에 태우거나 남김 없이 정리하는 것이 오랜 풍습이었다. "죽은 자는 죽은 자의 세계로, 산 자는 산 자의 세계로"라는 분리를 중시한 것이다. 이제 우리는 유품과 죽음을 어떻게 바라봐야 할까.

    나는 어머니의 죽음을 경험하고 회사를 그만둔 뒤, 한동안 세계를 떠돌았다. 그 여정 중 스웨덴의 한 식당에서 그곳에 터를 잡고 살고 계시는 한인 부부와 인연이 되었다. 그들의 초대로 작은 마을에서 열리는 앤티크 경매에도 참여한 적이 있다. 당시 한국에서는 북유럽 가구나 소품이 인기가 많았을 때라 낯설지 않은 북유럽풍의 식기, 조명, 소품, 책상, 의자 등을 구경할 수 있었다. 우리를 초대하신 부부가 말씀해주셨다. 이 마을에서는 누군가 세상을 떠나면 남겨진 가구나 물건들을 버리거나 없애지 않고 남은 가족들이 물려받아 사용하거나, 이렇게 경매에 올려 여러 사람들과 나눠 쓴다고 하셨다. 유품을 생활의 연장이자 가족의 시간을 품은 물건으로 받아들이는 것이었다.

그 순간 나는 생각했다. 우리에게 유품은 왜 늘 '떠난 이를 지우는 방식'으로 다뤄져야 할까. 전통적으로 우리는 남겨진 물건을 불에 태우거나 치워내며, 죽음을 삶과 구분 지으려 했다. 하지만 이날 만난 풍경은 달랐다. 죽음이 삶을 단절시키는 순간이 아니라, 남겨진 물건을 통해 오히려 삶이 이어질 수 있음을 보여주었다.

그리고 나는 남겨진 엄마의 유품을 떠올렸다. 어쩌면 남기지 못하고 소각해버린, 영원히 사라진 엄마의 물건들에 대한 후회를 떠올린 게 더 맞겠다. 내가 좋아하던 엄마의 투피스, 구두, 서랍장 속 작은 메모까지. 그 모든 것들이 엄마의 삶과 온기를 간직한 채 남아 있었을 텐데…. 후회와 그리움이 남았다.

죽음 너머에도 삶은 남아 있다. 남겨진 우리의 기억 속에 영원히 살아 있다. 모리함은 바로 그 지점에서 출발했다. 우리는 고인의 물건을, 그 사람이 남긴 사랑과 기억, 시간을 담아 하나의 작품으로 다시 태어나게 한다. 모리함에서 만나게 된 유품을 의뢰하는 이들의 이야기는 언제나 삶으로 이어졌다. 누군가는 부모의 편지를, 누군가는 손때 묻은 안경과 도구를, 또 누군가는 마지막 추억의 물건을 가져온다.

초겨울의 문턱에서 만났던 젊은 연인의 물건들도 오래 기억 속에 남아 있다. 의뢰인이 남자분이셔서 그의 물건일 거라고 생각했지만, 마주한 테이블 위로 동행한 여자친구분의 세 가지 물건이 놓여졌다. 오만 원짜리 두 장, 증명사진 한 장 그리고 작은 흑진주알.

"아버지가 주신 용돈이에요. 이게 마지막이 되었어요."
그녀는 짧은 한마디를 끝으로 아버지에 대한 이야기를 마쳤다. 그 침묵 속에 차마 다 꺼내지 못한 이야기들이 고스란히 담겨 있었다. 증명사진 속 아버지의 옅은 미소가 그녀의 얼굴과 겹쳐 보였다. 그리고 앳되고 어여쁜 연인의 가장 큰 슬픔을 위로하기 위해 모리함을 찾아 데리고 온 남자친구의 마음도 따뜻하게 전해졌다.

부모가 자식에게 주는 용돈은 애정의 다른 이름이다. 성인이 되고 자기 삶을 꾸려가며 경제적으로 독립한 후에도 가끔 받게 되는 부모의 용돈은 '내 새끼'라는 확인이자, '잘 살기를 바란다'는 말이 담긴 기도였다. 그래서 나는 그들의 물건이 오히려 더 애틋하게 다가왔다. 삶 속의 아주 평범한 순간이 돌이킬 수 없는 마지막이자 오래 기억하고 싶은 장면으로 남았기 때문이다.

모리함이 담고자 하는 건 바로 이런 순간들이 아닐까. 유품이 죽음을 상징하는 물건이 아니라, 남겨진 우리를 여전히 살아가게 하는 사랑의 기억이라는 것. 나는 유품을 표구할 때면 경건한 마음을 갖는다. 고운 극세사 천으로 사진을 닦고, 물건에 쌓인 먼지를 조심스럽게 털어내며 나만의 기도를 하기도 한다. 내가 처음 엄마의 유품을 모리함에 담았을 때처럼 "당신 삶을 오래오래 기억하겠습니다. 남겨진 이들의 기억 속에서는 영원히 살아 있어 주세요" 하는 간절한 마음을 함께 담는다.

한 통의 메시지가 도착했다.
"안녕하세요, 표구를 의뢰하려고 합니다. 유품을 담아주시는 것을 보고 연락드리게 되었습니다. 너무 갑작스럽게 돌아가셔서 많이 힘들어하는 가족들에게 조금이라도 위로가 되고 싶어서 의뢰합니다. 아산병원 주석중 교수님이시고 저는 조카입니다."

순간 말문이 막혔다. 이미 뉴스로 접했던 성함이었기에 그 황망함이 더욱 실감이 났다. 저명한 의사이자 수많은 생명을 살리고 위급한 환자와 가족들, 동료 의사들에게 존경받던 분의 갑작스러운 부고는 남겨진 가족들에게 이루 말할 수 없는 충격이었을 것이다.

나는 조심스레 답장을 보냈다.

"안녕하세요, 이야기 나눠주셔서 감사합니다. 가족분들의 황망한 마음에 조금이나마 위로가 될 수 있도록 하겠습니다. 혹시 유품을 가지고 오실 수 있을까요?"

경황이 없는 상황이실 테니 일정에 편의를 봐드리겠다고 덧붙였고, 유품을 받기까지 며칠을 더 기다리며 의뢰인과 여러 번 메시지를 나누었다. 그 시간 동안에도 잇단 애도와 뉴스가 이어졌다. 생전 만나 뵌 적은 없지만, 나는 곧 다루게 될 유품을 떠올리며 '과연 어떤 분이셨을까'라는 생각으로 기사와 인터뷰를 찾아보았다.

"이 사회에서 영웅이라고 할 만한 사람이 별로 없죠. 유명인만 있을 뿐이죠. 그런데 이렇게 자기 자리에서 남들이 알아주지 않아도 묵묵히 많은 생명을 살리는 사람…. 주석중 교수가 그런 면에서 진정한 영웅이라고 생각합니다."

보면서 마음이 숙연해졌다. 내가 담아드리게 될 유품은 수많은 사람들의 기억과 존경이 깃든 삶의 증거라는 사실이 느껴졌다.

며칠 뒤, 의뢰인을 만나게 되었다.

"평소 워낙 인품이 좋고 순수하신 분이었어요. 다른 가족들도 이렇게 교수님을 애도하는 사람들이 많을 거란 생각을 못 하셨을 정도로 겸손하셨어요."

말씀과 함께 교수님의 유품을 꺼내주셨다. 직접 사용하신 듯한 도구들이 눈앞에 펼쳐지는 순간 울컥하는 마음을 숨길 수 없었다. 동시에 의뢰인도 같은 마음이셨는지 눈물을 흘리셨다. 우리는 잠시 말을 잇지 못했다. 불과 며칠 전까지도 수술대에서 사용하셨을 도구라 생각하니 뜨거운 체온이 남아 있는 듯했다.

실제 교수님이 쓰셨을 장면들을 떠올리며 도구들의 배치를 고민했다. 그의 귀, 눈 그리고 손으로 이어졌을 청진기를 가장 먼저 올려두었고, 확대경과 펜은 가지런히 함께 놓았다. 수술 가위처럼 날카롭고 예민한 의료 도구들은 작은 각도와 방향까지 수십 번 고쳐보며 균형을 맞추었다.

의료 도구라 하면 차갑고 기능적인 이미지가 먼저 떠오르지만, 내 앞에 놓인 것들은 묘하게도 따뜻하게 느껴졌다. 아마도 수많은 환자의 고통을 덜고, 삶을 이어주던 순간들이 이 도구들에 고스란히 스며 있었기 때문일 것이다. 교수님의 마지막 명패를 고정하였다.

흉부외과 교수 주석중

1964. 1. 26. – 2023. 6. 16.

완성된 액자를 바라보며 나는 이것이 단지 가족을 위한 추모의 공간을 넘어, 한 시대의 헌신을 기억하게 하는 기념비 같은 역할을 할 수 있으리라 생각했다.

'헌신의 길을 걸어오신 시간만큼 오래도록 존경과 애도를 표하겠습니다. 죽음 앞에 섰던 수많은 생명들을 지켜주셔서 감사합니다.'

어떤 물건은 한 사람의 치열했던 생애를 압축해 보여주지만, 또 어떤 것은 오랜 세월의 순간들을 여러 갈래로 나눠 담아 한 사람의 삶 전체를 천천히 이어가는 방식으로 기억되기도 한다. 그 다음에 만난 의뢰인은 바로 그런 방식으로 아버지를 기리고 싶다고 말씀하셨다.

아버지의 어린 시절 사진부터 학창 시절, 청년 그리고 어머니와 연애 시절의 사진들이 있었다. 의뢰인이 가장 오래 기억하고 싶은 건 단지 시간의 흐름이 아니라, 그 속에서 드러난 아버지의 온전한 모습 그대로였다. 아빠의 필체가 담긴 편지, 늘 쓰시던 모자, 손때가 묻은 만년필까지. 한 사람의 생애가 한 테이블 위에 놓이자 그것은 단순한 물건의 집합을 넘어 아버지라는 한 인생의 작은 박물관 같았다.

나는 이 작업들을 하며 '아빠 뮤지엄'이라고 불렀다. 의뢰인은 가족들뿐만 아니라 친척들에게도 액자를 나누어 드리고 싶다고 하셨다.

"각자 집 안에서 아버지를 오래 기억할 수 있도록요."

그 말이 참 인상적이었다. 이 작은 액자가 사랑하는 사람을 여러 갈래의 삶 속에 동시에 살아 있게 만드는 매개가 된다는 사실을 느낄 수 있었기 때문이다.

나는 유품을 다룰 때마다 경건함을 느끼는 동시에 유품이 가진 힘을 새삼 깨닫게 된다. 이 작업은 하나의 예술작품을 만드는 일이자, 한 삶을 기리는 '기억의 의식'을 치르는 일에 가까웠다. 모리함은 유품을 표구하며 죽음을 애도하는 것에서 멈추지 않을 거다. 오히려 우리가 다시 살아갈 힘을 얻고 남겨진 마음을 안아주는 새로운 시작이 되기를 바란다.

내가 엄마의 유품을 통해 내 기억 속에서 엄마를 영원히 살려두었듯이, 같은 마음으로 모리함을 찾아주시는 의뢰인들의 사무치는 그리움을 함께 나눌 것이다. 그리고 그들이 사랑했던 이를 오래 기억하는 한 사람으로도 매일 기도할 것이다.

'당신의 마지막 죽음보다는, 찬란했던 삶을 기억하겠습니다.'

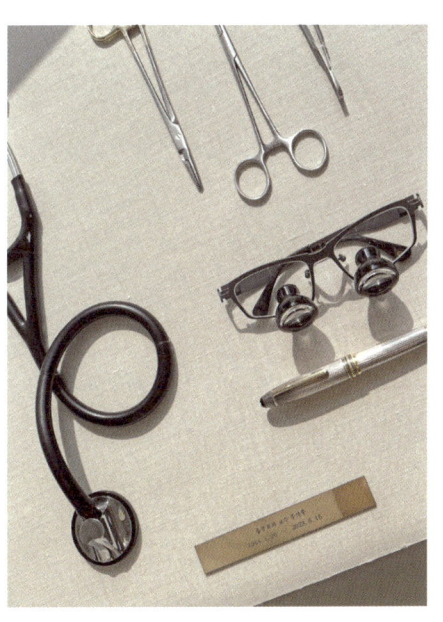

퇴임에 대한 헌사

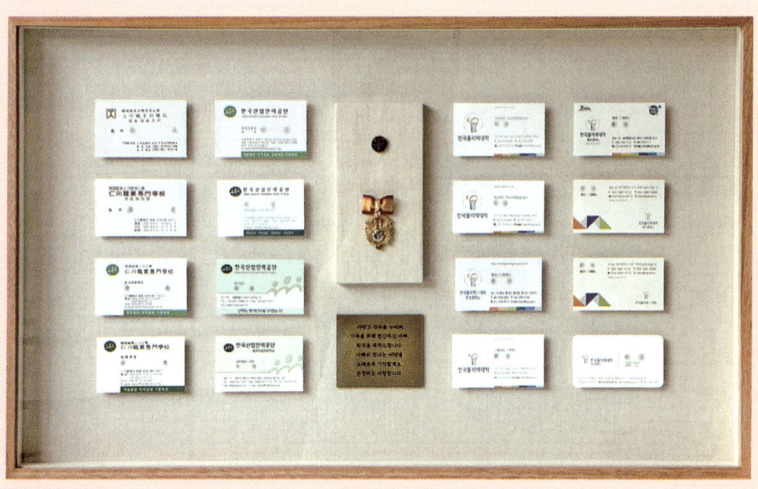

처음 작업했던 퇴임 모리함은 소중한 기억으로 오래 남아 있다. 당시 코로나19로 퇴임식이 취소되는 바람에 어머니께 조금 더 근사한 선물을 해드리고 싶어서, 먼 지역에서 일부러 모리함을 찾아와주신 분이었다. 명함 한 장과 책 한 권 그리고 사진 두 장을 꺼내시며 어머니는 졸업하신 대학에서 졸업 후부터 지금까지 30여 년을 도서관 사서로 일하셨다고 했다. 나도 축하와 존경의 마음으로 의자를 좀 더 당겨 앉으며, 가져오신 물건들의 이야기를 들었다. 가장 최근의 명함 한 장과 책 한 권은 반평생 책들을 위해 살아오신 어머니께 선물해드리고 싶은 책이라고 하셨다. 박경리 선생님의 유고시집 《버리고 갈 것만 남아서 참 홀가분하다》였다.

의뢰인께 특히 마음에 드시는 페이지를 펼쳐서 액자에 넣는 것을 추천해드리고, 펼쳐진 책의 왼쪽으로 명함과 사진 한 장, 오른쪽으로 다른 사진 한 장과 어머니께 전하고

픈 메시지를 담는 형태의 배치를 보여드렸다. 사진 속의 어머니는 앳되고 어여쁜 모습으로 책들 앞에 서 있었고 자부심과 온기가 묻어났다. 의뢰인과 닮은 모습도 비춰 보여 뿌듯하면서도 뭉클한 마음이 들었다.

그 사이 의뢰인이 펼친 페이지의 한 구절이 눈에 들어왔다.

인색함은 검약이 아니다. 후함은 낭비가 아니다.

'사람의 됨됨이'라는 제목의 시를 보며 어머니의 30여 년을 상상해보게 되었다.

'묵묵히 책을 정리하고 찾아오는 이들에게 책을 권하며 책을 사랑하는 마음으로 지내셨을 시간들이 쌓여 그렇게 어머니의 하루하루가 자녀들이 살아갈 지혜의 가르침이 되었구나.'

그날 나는 한 사람의 삶을 하나의 작품으로 만들고 싶었다. 취소된 퇴임식이 아쉽지 않도록 호두나무 프레임을 만들고 우아한 와인색의 모시를 한지로 배접하여 담았다. 완성된 액자 속에는 단정하고 반듯한 명함과 책, 의뢰인이 어머니께 드리는 메시지까지 각인한 명판도 더해졌다. 마치 젊은 날의 어머니와 지금의 어머니가 같은 무대 위에 나란히 서 있는 듯했다.

평생직장이라는 말이 자연스러웠던 시대, 한길을 묵묵히 걷는 것이 당연하게 여겨졌던 시대가 지났다. 지금은 여러 직업을 병행하기도 하고 여러 번 직업이 바뀌는 것 또한 자연스러운 흐름이 되었지만, 하나의 '업'을 오래 갖는 게 얼마나 많은 인내와 애정이 필요한지 우리는 안다. 모리함은 그 후로 많은 분들의 업을 프레임에 담으면서, 우리는 퇴임을 단순히 직장을 떠나는 일로만 보지 않는다. 그 안에 담긴 노고와 성취를 한 장면으로 압축하는 의식과도 같다. 특히 퇴임 액자 속에는 누구도 같을 수 없는 각기 다른 서사가 있다.

그리고 이들의 이야기를 만날 때 더 설레는 건 대부분 동료나 후배, 제자, 자녀분들이 몰래 준비하는 선물이라는 점이다. 그들의 눈빛에는 애정과 존경이 담겨 있지만 쑥스러워서 하지 못했던 표현을 이번 기회에 담아낼 수 있도록 작은 플레이트에 메시지를 각인하거나, 차마 준비하지 못한 사진을 대신 편집해서 넣어드리기도 한다.

　아버지의 퇴임식을 앞두고 자녀 두 분이 모리함을 방문해주셨다. 그간의 소속과 직함이 바뀐 반평생의 명함들이었다. 종이의 재질이나 디자인도 시대에 따라 변해온 것이 느껴졌다. 이 모든 변화들이 한 액자에 차곡히 담기면, 한 사람의 업의 여정이 압축된 연대기가 된다. 또 다른 날에는 30년 동안 한 직장을 다니신 아버지의 퇴임식을 앞둔 따님이 찾아오셨다. 낡은 손잡이와 모서리가 닳아진 출장 가방은 아버지의 매일의 시간을 말해주고 있었다. 청년이 사랑하는 이를 만나고, 자녀가 태어나 가족이 함께한 흔적들이 남아 있었다.

　고고학과 교수님의 제자분들이 찾아오신 날도 있었다. 연구실에서만 볼 수 있을 법한 토양 샘플과 도구, 빛바랜 수첩의 두께는 교수님의 열정을 담고 있었다. 수십 년 동안 흙 속에서 과거의 조각들을 찾으며 역사를 연구해오신 노력들이 고스란히 느껴졌다. 표구 작업대 위에 그 물건들을 하나씩 올려놓으니 마치 시간을 쌓는 기분이었다. 토양 샘

플은 액자 안에서 흙이 쏟아지지 않도록 아크릴로 케이스를 만들고 제자들이 몰래 수배한 물건들을 하나씩 받아 완성했다. 며칠 뒤 퇴임식이 진행되고 교수님께서 무척 좋아하셨다는 후기와 사진이 도착했다. 그 인연이 이어져 제자분들과 교수님께서 함께 모리함에도 방문해주셨던 반가운 기억이 있다.

프랑스어 교수님의 모리함도 잊을 수 없다. 스무 살 때 학생으로 입학해서 부총장으로 무려 45년간 몸담던 학교를 떠나시게 되면서 따님이 의뢰해주셨다. 학생증과 유학 시절의 파리 지하철 패스권, 불어책과 명함들이 프랑스어와 함께한 삶을 담고 있었다. 어머니가 아버지께 쓰신 글에서 그동안의 시간들이 어떻게 채워져올 수 있었는지 느낄 수 있었다.

"반백년을 보낸 곳에 마음 맞는 벗만 있지는 않겠지만 고지식할 정도인 그의 정직함과 성실함에 다른 말을 할 사람은 없으리라 확신한다."

어느 날은 건축가의 삼각자와 드로잉브러시를 담고, 또 어떤 날은 음향 감독님의 낡은 헤드셋과 오래된 테이프를 담는다. 때론 치과의사 부모님이 늘 함께 입고 계셨던 가운을 이제는 한 액자에 나란히 담기도 하고 자랑스러운 아버지의 30년 무사고 운전자증과 운전할 때마다 차고 계셨던 시계를 정성껏 담는다.

누군가는 셀 수 없이 많은 사람들을 만나며 낯선 출장지에서 매일을 지내고, 다른 누군가는 땅 속 역사를 발굴하며 학생들을 가르치고, 또 누군가는 아름다운 건물과 음악을 만들었다. 사람들의 불편함을 치료해주기도 하고 불편함을 감내하는 시간들이기도 했다. 이 시간들이 모여 세상을 이루고 있었다.

사람은 태어나며 축하를 받고 주어진 시간을 보내고 졸업하며 축하를 받는다. 특히 퇴임의 축하는 오직 그 길을 끝까지 걸어온 사람만이 받을 수 있다. 학창시절의 졸업식만큼이나 성대했으면 하는 바람이다. 아니, 그 이상의 축하를 받아도 좋다. 생계를 위한 수단을 넘어 삶에 대한 존경이자, 그 시간 동안 바쳐진 애정과 성실에 대한 경의이기도 하다. 수십 년의 삶의 기록이 담긴 이 액자가 벽에 걸리는 순간은, 한 작품의 인터미션 커튼콜이자 다음 장을 여는 응원의 박수이다. 이것이 모리함이 드리는 퇴임의 헌사다.

Mama Hold My Hand

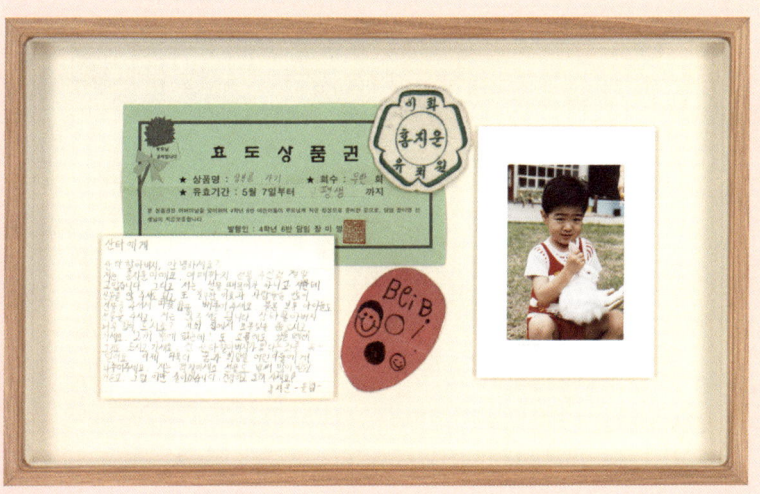

크리스마스 한 달 전, 모리함 트리에 불이 켜지던 날 의뢰인을 처음 만났다. 찬바람이 매섭던 날이라 혹시 초행길에 불편하지 않으셨는지 묻고 따뜻한 차를 내어드렸다. 잠시 숨을 고른 후 의뢰인은 가방에서 오래된 카드를 꺼내 보여주셨다.

"산타할아버지, 안녕하세요? 저는 지운이에요. 여태까지 선물 주신 것 정말 고맙습니다. 저는 선물 때문에가 아니고 저한테 선물을 안 주셔도 되고, 불우한 이웃과 사람들에게 많이 선물을 주셔서 따뜻함을 베풀어주세요."

어린 아이의 글씨가 가득 담긴 카드에 나 또한 절로 흐뭇한 미소가 나왔다. 자기 손보다 큰 연필로 꾹꾹 눌러 썼을 모습을 상상하니 더 사랑스러웠다. 이렇게 귀여운 아들을 키우신 의뢰인의 이야기가 더욱 궁금해졌다.

그날을 떠올리는 듯 의뢰인은 반달 눈웃음과 함께 미소

를 지었다.

"그해 크리스마스 이브날, 아들에게 이런 말을 했던 적이 있어요. 지운이는 엄마, 아빠, 할머니, 할아버지 그리고 산타할아버지한테도 선물을 매년 받았잖니, 올해는 산타할아버지가 주시는 선물을 더 필요한 사람들에게 나누는 게 어떻겠니?라고요. 그랬더니 아이가 자기 방으로 들어가 한참 있더니 이 카드를 써서 나왔더라고요."

의뢰인의 이야기에 나는 다시 천천히 카드를 읽었다. 내 마음이 아이의 마음처럼 반짝이며 살아나는 것 같았다. 의뢰인의 이야기가 이어졌다.

"크리스마스트리 밑에 카드를 두고, 산타할아버지가 드실 우유 한 잔과 초콜릿, 남은 요플레 두 개까지 나란히 놓더라고요. 그러더니 두 손을 모으고 '산타할아버지, 맛있게 드시고 제 카드도 꼭 읽어주세요'라고 기도했어요. 현관에서 트리까지 종이를 한 장 한 장 징검다리처럼 깔아 트리 쪽으로 화살표까지 그려두었고요. 일 년 만에 오시는 산타가 길을 잃으면 안 된다면서요. 하하."

그 이야기를 들으며 의뢰인의 모습 뒤로 오늘 켜둔 모리함의 크리스마스트리 불빛이 더욱 선명하게 빛났다. 어린 날의 동심이 지금 이 순간 내게도 크리스마스 선물처럼 전해졌다.

"아이에게 어떻게 그런 제안을 하셨는지 어머니가 정말 대단하신 것 같아요."

내 말에 의뢰인은 잠시 테이블 위에 놓인 카드를 바라보다가 고개를 끄덕였다.

"80년대였죠, 여전히 가부장적인 분위기와 남아선호의 그림자가 남아 있던 시절이었어요. 그 시절에 외동아들을 키우다 보니 늘 다짐했던 게 있어요. 겸손하고 따뜻하게 그러나 강하게 키워야겠다고요. 그리고 받은 사랑을 베풀 줄 아는 사람으로 키우고 싶었어요."

그 다짐대로 자란 아들은 이제 사회의 한 일원으로 당당히 서서 동시에 엄마 곁을 지키는 어른이 되었다.

"아드님과 함께 이 카드를 보면 얼마나 행복하실까요."
나는 어느새 표구가 완성될 순간을 떠올리며 모자가 나란히 앉아 추억을 나누며 웃는 모습을 상상했다. 작업 전부터 설레고 뿌듯한 마음이 가득했다. 의뢰인께서는 아들의 어린 시절 추억함처럼 만들어주고 싶다며 산타할아버지에게 카드를 썼던 시기의 물건들을 더 가져오셨다고 했다. 유치원 와펜과 사진 한 장 그리고 '효도상품권'이라 적힌 종이도 있었다.

"이건 유효기간이 여전히 유효하네요."

내가 하하 웃으면서 말하자 의뢰인께서도 "꼭 액자에 넣어야겠어요"라고 화답하셨다. 방 안에 웃음소리가 번졌다.

작은 오브제들과 어렸을 적 사진 한 장을 함께 배치하고, 의뢰인의 취향에 맞춰 깔끔한 버터색의 배접천을 배경으로 골랐다. 그리고 프레임으로는 시간이 갈수록 깊이 있는 색으로 변해가는 벚나무를 추천해드렸다. 그 나무의 결이 두 분의 시간을 닮아 있었다.

잠시 후 의뢰인께서 휴대폰을 꺼내어 노래 한 곡을 들려주셨다.

성인이 된 어느 날 아드님과 함께 여행을 갔을 때, 아드님이 들려준 노래라고 하셨다.

내가 꼬마였을 적 집에서 멀어져 길을 잃을 때면 엄마는 항상 내 곁에 있었죠.
더 자라나 나 스스로 세상에 갇혀 방황할 때도 엄마는 항상 나를 위했지만, 나는 혼자 할 수 있다며 엄마를 밀어냈죠.
이제 집을 떠나 한 가정을 이루고 어른이 되었죠.
엄마는 매일을 열심히 살라며 가르침을 주지만, 어른이 되어 삶을 살다 보니 더 두려워졌어요.
엄마, 제 손을 잡아주실래요.
어느덧 엄마의 흰머리가 늘었어요.
강했던 엄마가 이제 도움을 필요로 할 때면 내가 늘 곁에 있을게요.
엄마, 이제 제 손을 잡으세요.
제가 엄마와 함께 길을 걸어갈게요.

- 〈Mama Hold My Hand〉, Aloe Blacc

노래가 끝나자 아들의 말이 이어졌다고 하셨다.

"엄마, 이제 자식 먼저였던 삶은 졸업하세요. 앞으로는 제가 엄마를 살필게요. 이제 엄마만 생각하며 사세요."

의뢰인은 오래된 카드를 바라보며 미소 짓고 계셨지만, 이내 눈가에는 눈물이 맺혔다.

"하하. 이제 서른다섯이 된 아들인데, 이 액자를 보면 얼마나 웃을까요?"

그 미소 속에서 크리스마스의 사랑은 여전히 빛나고 있었다.

Merry Christmas Everyone!
모두에게 크리스마스의 사랑을.

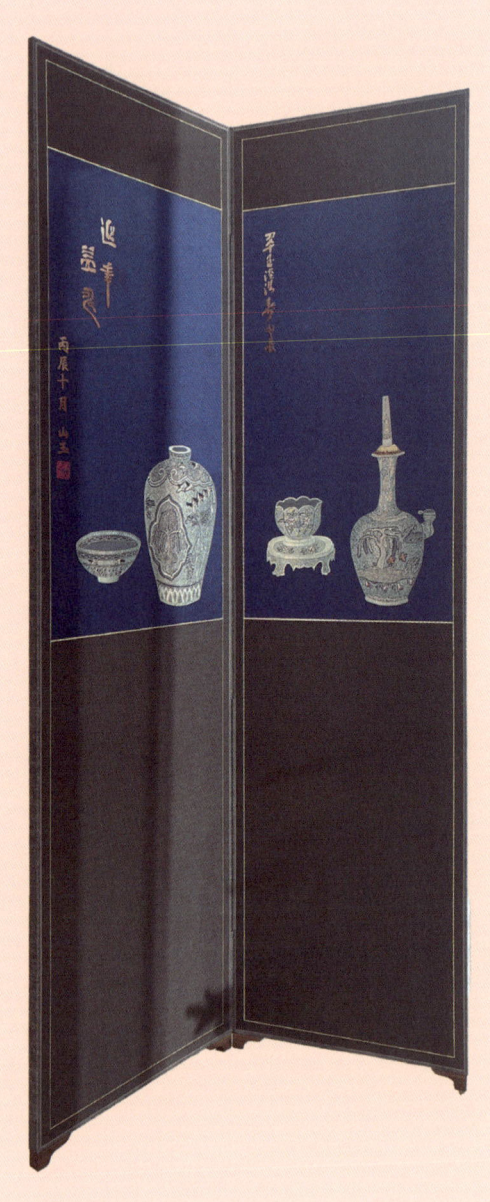

평생 병풍

조선시대에 '평생도(平生圖)'라 불리는 그림이 있다. 한 사람의 일생의례의 중요한 장면들을 여덟 폭 혹은 열 폭에 담은 그림이다. 아이가 태어나 돌잔치의 병풍 앞에서 웃고 배필을 만나 혼례의 병풍 앞에서 사랑을 맹세한다. 학업에 정진하여 과거에 급제하고 벼슬길에 올라 좋은 자리에 부임한다. 건강하게 장수하여 회혼례를 맞이하기까지의 장면들이 펼쳐진다. 조선시대 사람들이 꿈꾼 이상적인 인생의 서사이기도 했다.

기념될 만한 그 장면마다 병풍이 등장한다. 병풍은 단순한 가구가 아니라 곧 한 사람의 삶을 둘러싼 세계였다. 동아시아 삼국 모두 병풍을 생활도구로 썼지만 특히 조선은 '병풍의 나라'라 불릴 만큼 우리나라는 유난히 병풍을 사랑했다. 돌잔치, 혼인식을 비롯해 크고 작은 잔치 때에도 반드시 병풍을 펼쳤다. 장례 때에는 병풍 뒤에 주검을 안치했다. 나 역시 그 기억을 가진 세대다. 실제 1990년대 초까지만 해도 집에서 장례를 치르곤 했었다. 할아버지가 돌아가신 날, 할아버지 방 병풍 뒤에 할아버지를 모시고 집 앞마당에서 장례식을 치렀던 기억이 지금도 선명하다. 병풍 앞에서 생을 시작하고 병풍 뒤에서 생을 마감했다. 병풍은 그렇게 삶과 죽음이 맞닿는 자리였다.

옛 일상에서 병풍은 온돌방에서 자는 우리나라 사람들에게 바람을 막아주는 소중한 물건으로 쓰였다. 작은 방안에서 사사로운 부분을 감추는 역할을 했고, 아프고 지친 이들에게 외딴 자리를 마련해주기도 했다. 쓰지 않을 때는 접어두고 처마에 매달아 문짝처럼 접어 사용하기도 하고 미닫이문처럼 사용하기도 했다. 궁중에서는 왕의 권위를 상징하며 어좌 뒤에 사용하고 국가 의례에도 반드시 등장했다. 이렇듯 병풍은 우리의 삶과 함께한 생활의 예술품이었다. 그 안에 성공과 바람, 사랑, 행운, 자손 등의 꿈을 담고 일상의 북돋움을 채우며 살아왔다. 우리의 우아한 멋이었다.

오늘날 모리함이 하는 일도 크게 다르지 않다. 배냇저고리, 졸업장, 첫 도구, 사랑의 기록들까지 우리는 한 사람의 일생을 따라 모여든 평생의 물건들을 액자 안에 담아낸다. 그리고 어떤 이는 물려받은 병풍을 지금의 집에 맞게 다시 손질하길 원한다. 병풍의 키를 낮추거나 낡은 비단을 새 비단으로 교체하고 다른 색의 비단을 입혀 또 다른 생명을 불어넣는다.

어느 날 한 의뢰인이 찾아주셨다. 어머니께서 예전에 직접 꽃과 새를 수놓으신 화조도 작품이었지만, 귀하고 소중한 마음만 간직한 채 차마 새로 병풍을 만들지 못하고 보관만 하고 계셨다고 했다. 현재 살고 계신 집에 어울리게끔 2폭 병풍으로 두 채를 만들고, 자매와 하나씩 간직하고 싶다고 하셨다. 푸른 비단 위에 남아 있는 손자수의 결은 세월이 흘러도 어머니의 정성과 온기를 품고 있었다. 우리는 그 자수를 정갈한 아이보리 색의 마직으로 새로이 완성했다. 나란히 놓인 2채의 병풍은 마치 자매의 마음으로 어머니의 숨결을 다시 피워낸 듯 했다.

몇 년 후, 다른 의뢰인을 만났다. 돌아가신 어머니의 유품을 보여주셨다. 오래된 8폭 병풍은 많이 낡고 헤져 더 이상 펼쳐둘 수 없어 해체해두신 상태였다. 고민하시다가 이번에 모리함을 알게 되어 찾아오셨다고 했다.

"저희 집이 계단이 많아요."

건축가이셨던 의뢰인의 말씀처럼 2폭 병풍을 만들어 공간마다 나누어 두고, 2개는 액자로 만들어 벽에 걸기로 결정했다.

"어머니도 잘했다 하실 듯합니다."

그의 미소에 담긴 평온한 확신이 마음에 오래 남았다. 이제 어머니와의 추억이 병풍으로 공간에 세워지고, 액자로 벽을 채우게 되었다. 흑빛과 군청색이 섞인 면직으로 제작한 2폭 병풍은 공간의 빛에 따라 다른 색을 내기도 하며 의뢰인의 집에 은은히 스며들었다.

의뢰인의 공간에 도착한 사진을 전해 받을 때면 더 확신하게 된다. 작품의 보존성과 작업면에서의 표구를 제안하되, 의뢰인의 공간과 취향에 더 귀를 기울이고 존중해야 한다는 것을. 그래서 우리는 새롭게 시작되는 자기만의 이야기를 담은 병풍, 표구를 만들고 싶다. 사람들의 삶 속에서 계속 새롭게 태어날 수 있도록.

한 번은 한 해 동안 직접 그리신 백수백복도 작품으로 10폭의 병풍을 제작하러 오신 의뢰인을 만나기도 했다. 곧 다가올 아이의 돌잔치를 위해서였다. 백수백복도는 '수(壽)'와 '복(福)' 한자를 여러 모양과 서체로 가득 차게 반복해서 그린 그림이다. 꽉 찬 그림만큼 장수와 다복을 기원하는 의미로 궁중 연회나 장수를 기원하는 의례에 장식 병풍으로도 사용되었다. 이 병풍이야말로 한 아이의 삶과 함께할 '평생 병풍'의 시작이었다. 한 글자마다 부모의 사랑이 담겨 있는 보물이라는 마음으로 정성을 다해 작업을 마쳤다.

병풍 작업은 다른 표구보다 훨씬 많은 시간과 공정을 필요로 한다. 보통 성인의 키를 넘고 여섯 폭에서 열 폭의 병풍은 무게도 크고, 재료도 많고, 집중력도 오래 요구한다. 그러나 나는 병풍에 각별한 애정을 갖는다. 한 폭 한 폭이 모이고 다시 접히고 펼쳐질 때 그것은 단순한 가구가 아니라 한 사람의 이야기를 둘러싸는 세계가 되기 때문이다. 그래서 오늘날의 병풍은 단지 전통의 재현이 아니라 현대의 공간에서 다시 쓰이는 기억의 창이다.

병풍 작업은 시간뿐만 아니라 정밀로 결정된다. 한 폭 한 폭의 수평과 직각, 띠의 폭과 여백, 접힘선의 장력을 맞춘다. 그림의 결이 끊기지 않게 색과 패턴을 이어 붙이고 접으면 숨고 펼치면 이어지는 연결선을 만든다. 나는 병풍을 종합예술이라 부른다. 손의 기술과 공간의 기능, 마음의 기원이 한 자리에 겹쳐 있기 때문이다. 접히고 펼쳐질 때마다 이야기는 다시 살아 움직인다.

특히 병풍에는 '돌쩌귀'라는 표구 기법이 쓰인다. 이는 금속 경첩이 아니라, 한지와 천으로 만든 전통적인 연결부다. 창살로 뼈대를 세운 뒤 한지를 수십 겹 배접하여 단단히 기틀을 잡고 각 폭의 가장자리를 질긴 한지로 덧대어 잇는다. 수백 번을 접고 펼쳐도 찢어지지 않는 이 전통 방식 덕분에 조선의 병풍은 수백 년의 세월을 견딜 수 있었다.

나는 처음 이 방식을 배울 때 선조들의 지혜에 감탄했던 그 감동을 지금도 잊지 못한다. 표면에 드러나지 않지만, '보이지 않는 연결'이 병풍을 완성시키기 때문이다.

오늘날은 병풍을 구하거나 새로 만드는 일이 쉽지 않다. 직접 동양화나 민화를 그려 그림을 소장하는 이들 외에는 대부분 조부모님이나 부모님께 물려받은 병풍을 간직한다. 요즘은 모리함에 실제로 '병풍'을 소장하고 싶으나 그림 없이 병풍을 제작할 수 있을지 묻는 분들이 늘었다. 옛 문헌과 기록 속에도 그림을 넣지 않거나 백색으로 남겨진 병풍의 기록들이 남아 있다. 왕과 왕비의 시신을 모신 빈전(殯殿) 뒤편에도, 사당의 제례에도, 선비의 서재에도 흰 병풍이 세워졌다.

내 서재의 병풍은 흰 종이를 발하여 문향(文香)을 덮고 글을 쓸 때 마음이 어지럽지 않게 하노라.

— 《임원경제지(林園經濟志)》

그림 없는 병풍은 곧 마음의 그림이니, 비워야 채워진다.

— 《초의집(草衣集)》

그림 없이도 병풍은 정결한 죽음 앞 혹은 사유와 명상의 장치로 쓰인 것이다. 조선의 병풍이 삶의 시작과 끝을 감싸 주었다면, 오늘의 병풍은 우리의 기억과 공간을 감싸고 있다. 모리함은 그 오래된 전통 위에서 다시 '기억을 감싸는 또 하나의 창'을 세우고 있다.

삶의 궤적을 함께하는 일

우리의 삶은 직선일까? 삶이 직선이라면, 기록은 한 순간을 찍고 지나가는 점에 불과할 것이다. 그러나 삶은 궤도를 따라 움직이며, 모두가 같은 궤도를 돌고 있다. 봄이 오고, 여름이 지나고, 해마다 생일과 기념일을 맞이하는 것처럼. 하지만 그 반복 속에 남는 흔적들은 모두가 다르다. 그것이 우리의 궤적이다. 같은 태양을 함께 돌고 있는 행성들이라도 각자의 모양과 속도가 다르듯이, 같은 계절을 지나도 우리의 흔적과 마음은 모두 다르다. 작은 선택과 우연이 쌓여 각자의 삶은 저마다 다른 궤적을 그리며 살아간다. 모리함에 담기는 물건들이 바로 그 궤적이다. 매일 같은 반복 속에 남겨진 모두의 다름, 같은 궤도 위에 그려진 다른 궤적. 그것이 한 사람의 인생을 고유하게 만든다.

그래서 모리함에는 한 해 한 해 궤적을 따라 이야기를 함께 쌓아가는 분들이 계신다.

"저희 선생님이 추천해주셨어요"라며 화실 선생님의 추천으로 모리함에서 처음 만난 의뢰인은 첫 아기를 기다리며 그리신 태교 그림을 맡겨주셨다. 다음 해에는 아기의 배냇저고리를, 그 다음 해에는 돌잔치에서 입었던 돌 한복을 맡겨주셨다. 시간이 흐르고 이번에는 의뢰인의 어린 시절로 거슬러 올라간 물건이 도착했다.

"제가 하나뿐인 외동딸인데, 형제 없이 혼자 크는 아이로 겸손하게 자라지 못할까 싶어서 늘 엄하셨던 기억이 있어요. 사실 아빠를 세상에서 가장 믿고 의지하면서도 제일 어려워했어요. 아빠 앞에 서면 늘 뭔가 시험을 치르는 기분이 들었거든요."

"아버지 앞에선 제일 잘하는 모습을 보여드리고 싶으셨나 봐요."

"그랬던 것 같아요. 그런데 이제는 그런 아빠도 나이가 드신 게 느껴져요. 너무 엄격해서 미운 날도 있었지만, 서랍장에 아빠가 써준 엽서들을 모아보니 '아빠가 이렇게 다정하게 사랑을 보내주셨구나' 싶었어요. 그 마음들을 잊지 말아야겠다고 생각했어요."

내 앞에 놓인 건 아버지의 필체가 담긴 오래된 카드들이었다. 암스테르담, 파리, 로마…. 보내온 날짜와 장소들이 모두 달랐다. 가족들과 떨어져 먼 출장지에서도 가장 먼저 생각나는 딸에게 보내는 사랑의 마음들이었다.

엽서와 카드는 평면의 기록이다. 그래서 프레임 안에 배치할 때는 무엇보다 수평, 수직, 간격과 순서에 집중한다. 엽서와 카드 안에 적힌 메시지는 오래 읽히고 눈길이 잘 머물도록 해야 했다. 우리가 고민하는 여백과 정렬이 감상하는 이의 마음을 안정시킨다. 특히 의뢰인의 엽서를 배치할 때 염두에 뒀던 건 쓰인 날짜였다. 그 날짜를 보는 순간, 30여 년 전의 어린 의뢰인과 젊은 아버지의 청춘 시절로 시간이 되돌려질 것이다. 아버지와의 추억을 쌓아가듯, 엽서를 시간순으로 겹쳐 배치하는 아이디어로 날짜가 가려지지 않도록 배열을 구성했다. 다양한 도시에서 온 엽서들 끝에는 운동회 날 아버지의 손을 꼭 잡고 웃고 있는 사진 한 장을 함께 담았다.

작업자로서도 뿌듯했다. 매번 다른 물건들을 담지만, 이렇게 해마다 이어지는 한 의뢰인의 여러 이야기를 함께 담아가다 보면 나 역시 의뢰인과 같이 걸어가고 있는 듯한 기분이 든다. 단골 고객이라는 말로는 다 표현되지 않는, 함께 시간을 누적해가며 만들어가는 기록 동반자 같은 느낌이다.

완성된 액자를 전달해드린 후 다시 만난 의뢰인께서 후기를 들려주셨다. "제가 이걸 오랫동안 가지고 있었는지 아빠가 기억도 못 하실 것 같았어요. 저희 집에 놀러 오신 날이었는데, 진짜 무뚝뚝한 아빠가 이렇게 기뻐하고 좋아하시는 모습을 처음 봤어요!"라고 말씀하셨다. 나도 덩달아 뭉클해지며 정말 기뻤다. 의뢰인이 모리함을 통해 꺼내 주신 30여 년 전의 시간들이 아버지의 궤적과 만나는 순간이었다. 가족 모두에게 즐거운 추억이 되었다는 의뢰인의 말씀에 깊은 감사를 느낀다.

매해 가을을 알려주시는 의뢰인과도 함께 궤적을 그리고 있다. 오실 때마다 매끈하고 탐스럽게 생긴 태추단감을 건네주신다. 수확 기간이 짧아서 딱 이맘때 맛있다며 건네주신 감은 정말 아삭하고 달고 신선했다. 기분 좋은 가을 맛을 알려주시는 분이다. 이 의뢰인과 첫 미팅 때 함께 울었던 기억이 있다.

"아고, 처음 뵙는 분 앞에서 이렇게 아닌데, 어디 와서 저도 이런 적이 처음이네요."

의뢰인께 티슈를 건네며 나도 말을 이었다.

"오히려 이런 관계에서 더 솔직해지고 편할 때가 있는 것 같아요. 괘념치 말아주세요."

실제로 모리함의 미팅룸에서 함께 눈물을 흘리는 일들이 많다. 비단 슬픔의 눈물뿐만 아니라, 긴 시간들의 갈무리나 애틋한 추억으로 인한 감동의 눈물일 때도 있다. 우리는 우는 것으로 감정을 표현하던 아기였는데 어느새 어른이 되어 울음을 참고 감정을 숨겨야 할 때가 많아졌다. 지극히 개인적인 물건을 꺼내며, 여러 감정과 추억들이 함께 꺼내지는 순간들을 만난다. 나의 이야기가 주인공이 되는 공간에서 나만의 기억들을 떠올릴 수 있는 물건을 두고 나누는 말들에는 솔직함이 더해지는 것 같다.

이 의뢰인과의 첫 작업은 조상 때부터 물려 내려온 유물이었다. 세월의 기품이 아주 멋지게 남아 있는 갓끈이었다. 유물을 작업할 때는 손상이 전혀 없도록 유의해서 투명한 줄이나, 아크릴 거치대나 바닥에 몰드를 파는 등의 방식으로 물리적 고정만을 한다. 앞서 소개한 것처럼 화학 접착제는 전혀 사용하지 않는다. 추후 다음 세대의 대물림이나 보존을 위해서다. 그다음 해 가을에도 태추단감을 건네주시며 만난 의뢰인은 훌쩍 커버려 성년이 된 자녀의 배냇저고리를 맡겨주셨다. 세월이 무색하게 정갈하게 잘 보관된 배냇저고리에서 엄마의 정성이 느껴졌다.

"며느리가 싫어하지 않도록 작게 만들까 봐요, 하하."

"하하하, 좋아요. 그리고 정말 예쁘게 만들어서 언젠가 며느리 될 분도 자녀분 거 하러 오시게 할게요."

"아직 결혼 생각은 없대요~"라며 웃으셨지만, 언제가 품에서 떠나 새 가정을 꾸릴 아들에게 주고 싶은 선물이셨을 것이다. 화려하지 않고 정갈한 원목과 배경으로 작업해드렸다.

다음 해에는 어머니와 오랜 시간 함께 수집해온 전통 자수로 만들어진 조각보들을 맡겨주셨다. 수십 장이어서 한 장씩 모두 다 액자에 담기엔 너무 부담스러웠다. 나의 고민도 깊어졌다. 크기와 색깔이 모두 달라 작업은 어려웠지만, 조각들 각각에는 우리나라 고유의 색이 아름답게 담겨 있었다. 고민 끝에 투명하고 둥근 관을 제작해 보자기의 조각들이 잘 보이도록 말아서 나란히 배치했다. 평면의 보자기가 둥근 입체감을 보이면서 보자기를 구성하는 조각들에 사용된 비단, 삼베, 모시 같은 전통 원단의 두께감과 질감이 느껴졌다. 긴 고민의 시간이었지만 의뢰인의 공간에 도착해 예쁘게 자리한 액자를 보며 뿌듯했다. 어머니도 무척 좋아하신다는 말씀에 함께 기쁨을 느꼈다.

  한 가족은 아이의 생일 때마다 찍은 가족사진을 액자에 담으신다. 첫째 아기를 위해 의뢰하셨던 분이 몇 년 후 둘째 아기를 위한 의뢰를 다시 주신다. 또 어떤 의뢰인은 결혼 10주년을 맞이해 그간의 여행지 추억이 담긴 기념품을 가지고 오셨다. 평소 모리함의 액자를 좋아해 방문한 적이 있는 아내의 취향에 맞춰 서프라이즈 선물을 준비하신 것이다.

  사랑하는 이의 상실을 겪고 마음의 안식을 위해 취미로 그림을 시작하신 분은 해마다 그린 그림을 지인들께 선물하기 위해 액자를 의뢰하신다. 그렇게 당신이 받은 위로와 사랑을 다시 세상에 돌려주신다.

모리함은 삶의 궤도를 따라가는 작은 점들을 잇는 다리이고 싶다. 액자 하나는 멈춰진 장면처럼 보이지만, 그 안에는 지금까지의 궤적이 남긴 이야기가 담겨 있다. 동시에 앞으로의 시간을 어떻게 이어갈지에 대한 방향이 되기도 한다.

삶은 반복되는 것처럼 보이지만, 해마다 돌아오는 계절 속에서 우리는 매번 달라져 있고 궤적은 언제나 새로 그려진다. 그 안에서 기록은 그 차이를 드러내는 증거이며, 흩어진 좌표들을 하나의 궤도로 연결하는 일이다. 그래서 우리는 '모리함은 당신의 이야기를 작품으로 남기는 곳'이라고 말한다. 단지 기억의 보존뿐만 아니라, 삶이 궤도를 따라 흐르고 있음을 증명하는 가장 개인적인 방식이다.

오감으로 확장된 기억들, 모리함 전시관

우리는 액자 하나하나를 만들어가며 확신했다.

'고유한 당신의 이야기는 작품임에 틀림없다.'

   작은 사각 프레임 속에서 이미 그만의 전시가 시작되고 있었다. 그래서 언젠가는 이 삶의 이야기들이 프레임을 넘어 눈으로 보고 귀로 듣고 손으로 만지고 향으로 기억되는 전시로 확장되기를 바랐다. 그 생각들이 차곡차곡 쌓여 마침내 우리는 전시관의 문을 열었다. 첫 전시는 엄마의 장례식이었다. 전시관에서 담고자 했던 삶의 이야기들 중 하나였다. 장례는 삶의 이야기 중 가장 깊은 장면이자 언젠가 마주할 이별의 순간이다. 어린 시절 전형적인 장례 절차 속에서 마음껏 울지 못하고 추모할 틈도 없이 바쁘게 지나가 버린 기억이 늘 마음 한편에 남아 있었다.

모리함 표구의 시작이 나의 그리움이었다면, 모리함 전시관의 시작은 나의 후회에서 비롯되었다. 그 기억이 더 나은 위로와 공감의 형태로 이어지길 바랐다. 언젠가 우리와 같은 생각을 가진 사람들이 모리함의 공간을 통해 각자의 방식으로 사랑과 이별을 기억할 수 있기를 바라는 마음으로 전시를 준비했다. 더 나아가 우리나라의 장례문화가 슬픔에 머무르기보다, 고인을 향한 각자의 기억을 다정히 꺼내어 함께 나누는 시간으로 조금씩 바뀌어가기를 바란다.

Celebrating the Life of SOOK
나는 엄마의 죽음보다는 삶을 기억하고 싶었다. 사람은 기억에서 잊히는 순간 존재한 적 없던 것처럼 사라진다고 생각했다. 수많은 기억들의 액자를 통해 배운 건 기억은 혼자 간직할 때보다 함께 나눌 때 더 오래 머문다는 것이었다.

그래서 전시는 '모리함이 그리는 장례식은 어떤 모습일까?'라는 질문으로부터 시작되었다. 조문객들이 가장 먼저 보는 건 영정 사진이다. 그리고 유일하게 보는 것도 영정 사진뿐이다. 한 사람의 생애에는 사진 한 장보다 훨씬 많은 이야기와 시간들이 있다. 삶의 마지막 날이 오직 사진 한 장으로만 보여지는 건 고인도 억울할 것 같았다.

　그래서 나는 떠나는 이가 어떤 미소를 띠었는지, 어떤 노래, 어떤 음식을 좋아했는지, 청춘 시절의 찬란함도 함께 전시하고 싶었다. 엄마는 늘 사람들 속에서 빛나던 분이었다. 노래 부르는 걸 좋아했고 봉사활동에도 열심이었다. 내가 어렸을 적 집에는 손님이 끊이지 않았다. 이상하게도 그 북적임이 싫지 않았던 기억인 걸 보니 아마 나도 엄마를 닮은 모양이다.

　전시를 위해 꺼내본 내 기억 속에 없는 엄마의 어린 시절과 청춘의 모습들은 너무나 앳되고 고와서 마음이 저렸다. 사진을 하나씩 액자에 담다 보니 엄마의 50대와 나의 20대가 함께 있는 사진까지 한쪽 벽면을 채우게 되었다.

　그리고 당시 호기롭게 참가하셨지만 통편집되셨던 1995년 전국노래자랑 영상이 재생됐다. 이날 엄마는 손님들 앞에서 실컷 회포를 푸시지 않으셨을까 싶다. 중앙에는 우리 가족이 가장 좋아하는 사진을 크게 걸어두었다. 엄마와 함께한 여행의 한 장면이었다. 그 옆에는 엄마가 써주셨던 쪽지와 편지들도 액자에 담았다. 이어지는 한쪽 공간에는 향을 재현했다. 부지런했던 엄마가 만든 집의 향이었다. 붉은 햇살이 들어오는 늦은 오후면 막 빨래를 마친 냄새와 섬유유연제 향이 났다. 그 포근한 향 속에서 낮잠을 자기도 하고, 다시 일하러 간 엄마를 대신해서 빨래를 개키기도 했다. 그리고 전시장에는 가인의 〈Carnival〉 노래가 흘러나오고 중앙 큰 테이블에는 손님들을 위한 음식과 메시지를 준비했다.

"늦잠을 자도 짭짤한 김에 밥을 싸서 입에 쏙 넣어주고, 학원에 갈 때면 볶은 김치랑 멸치를 넣어서 만든 삼각김밥과 쪽지를 꼭 넣어주셨던 엄마. 다 컸다고 독립해서 살다 보니 전화기 너머 엄마에게 가장 많이 들었던 말은 '밥은 먹었니?'였습니다. 생전에 다 인연이 닿지 못했지만, 이렇게 이 자리에서 여러분들을 만나게 되었다면 사람 좋아하고 음식을 대접하기 좋아했던 엄마가 반갑다며 손수 차려줬을 법한 음식들입니다. 맛있게 드세요."

이 전시는 한 사람의 삶의 전시이자, 남은 이들을 위한 위로의 자리였다. 사람들은 음식을 나누며 엄마의 이야기를 보았다. 누군가는 웃었고 누군가는 울었다. 그리고 각자가 사랑하는 이와의 이별을 떠올렸다.

기억을 오감으로 확장하고자 한 모리함 전시관의 첫 전시는 그렇게 시작되었다. 세상에는 진귀한 예술품을 감상하는 전시도 많지만, 모리함이 꿈꾸는 전시는 삶을 바라보는 전시이다. 한 사람의 삶이 품은 아름다움을 발견하고, 두고 간 온기가 모두에게 위로가 되는 자리가 되고 싶다.

일생의례

삶은 대체로 바쁘게 흘러가고 기념은 미루기 쉽다. 그래서 우리 조상들은 백일(百日), 돌(周歲), 회갑(回甲), 고희(古稀), 미수(米壽)와 같이 나이를 기준으로 한 의례들에 이름을 붙여 그 흐름을 잠시 멈추게 하지 않았을까. 백일과 돌은 부모의 수고와 앞날을 빌고, 회갑은 육십갑자가 한 바퀴를 돌아 제자리에 오는 '돌아온 생일날'로 한 사람의 인생이 하늘의 주기와 맞닿는 시점으로 여기며, 고희는 일흔까지 살아온 세월 자체를 축복했다.

  이 모든 기념은 멈춤 속에서 감사와 회고를 느끼며 다음 세대와 함께 한 생을 지켜보는 약속이었다. 이렇듯 한 사람의 생은 수많은 의례로 엮인다. 그중에서도 처음 맞는 생일인 '돌' 그리고 경지에 이르러 축복받아야 할 '고희'는 삶의 시작과 완숙을 상징하는 중요한 장면이다. 모리함 전시관의 이야기도 이 두 장면으로 이어졌다.

돌,

  조선시대에는 아이가 세상에 태어나면 집안 어른이 천 명의 지인들을 일일이 찾아다니며, 한 글자씩 부탁해 《천인천자문(千人千字文)》 책으로 엮었다. 천 명의 이름과 손글씨가 모여 완성된 이 책은 아이의 첫 생일인 돌상에 올려져, 천 명의 지혜와 복이 아이에게 깃들기를 바라는 마음을 담았다. 오늘날의 눈으로 보면, 공동체의 정성으로 만든 세상에서 단 하나뿐인 첫 책이었다. 돌은 한 아이가 세상에 태어나 처음으로 맞는 큰 의식이자, 아이의 무병장수를 기원하던 가장 진심 어린 축복의 날이었다. 그 속에는 한 아이의 생명이 모두의 축복과 염원 위에 자라나는 존재임을 일깨우는 의미도 담겨 있다.

모리함 전시관에서 이어진 '돌' 전시 역시, 한 아이가 세상에 오기까지 그를 기다린 사람들의 사랑과 시간을 모아 완성했다. 양가 조부모와 부모의 젊은 시절 사진까지 시간의 흐름에 따라 한 공간에 나란히 담았다. 두 가족의 선이 하나로 이어지는 자리에 아이의 첫 배냇저고리와 자라나는 1년의 모습이 담겼다. 돌은 한 아이가 앞으로 써 내려갈 삶의 첫 장을 가족과 어른들이 함께 축복하며 엮어가는 시간이자, 부모에게도 칭찬과 격려를 보내는 날이었다. 언젠가 이 아이가 살아가며 힘든 날을 맞이하더라도, 이날의 기록들이 그 마음을 단단히 지켜주는 힘이 되기를.

"서후야, 너는 언제나 사랑의 한가운데에 있었단다."

고희연,

"저는 오늘, 자랑스러운 제 아버지의 삶을 담은 여러 '흔적'들을 통해 그가 걸어온 길이 꽤나 멋지고 낭만적이었음을 기록하고자 합니다. 열정이 한껏 담긴 그의 일은 차가운 금속을 뜨겁게 녹여냈고 카메라, 기타와 함께한 청춘의 낭만과 지금도 배움을 게을리하지 않는 학구열까지. '함박사'라는 별명이 어울릴 만큼 멋지게 살아오셨습니다.

몇 해 전, 아버지는 심장혈관의 문제로 수술이 필요하다는 진단을 받았습니다. 하지만 그 순간조차도 아버지는 삶을 포용하시는 모습으로 수술을 받지 않으시겠다며 가족들을 속상하게 하셨습니다. 아버지는 남은 생을 당신의 삶을 돌아보고 살아온 흔적들을 기억하는 데 쓰기로 결심하셨습니다. 이 전시는 그 결심의 결과물이자 누군가의 70년간의 기록입니다. 중심이 잘 잡힌 우뚝 솟은 산이라는 마음가짐으로 스스로를 '중산(中山)'이라 칭하며 살아오신 아버지는 반평생 차가운 금속을 만지며 사셨지만, 항상 곁에 그림을 두셨습니다. 그리고 소중한 이들에게 그림을 선물하며 이런 말을 건네셨다고 합니다.

'바삐 사는 이 세상, 그림 한 점 걸어놓고 숨 한번 돌리시게.'

이렇게 고희연을 준비하며 38년 만에 처음 듣게 된 아버지의 이야기들은 앞으로 제가 살아가다 흔들릴 때면 중심을 잃지 않도록 기억될 것입니다. 오늘 중산과 함께 거닐며 그의 '흔적' 속에서 산책하듯 쉬어가시길 바랍니다."

이 고희연 전시는 아드님의 글로 문을 열었다. "70세 '종심(從心)'에는 마음이 하고자 하는 대로 따라도 법도에 어긋나지 않는 경지에 이른다"라는 공자의 말처럼, 70년이라는 나이를 살아낸 한 사람의 생은 이미 깊은 울림을 주고 있었다.

전시를 준비하며 진행한 인터뷰 속에서, 자녀분들도 처음 듣는 이야기와 물건들을 마주했다. 자녀분들은 이 인터뷰 과정 자체가 하나의 선물이라고 말씀하셨다. 어머님을 만나 연애시절 나누었던 커플 카메라와 타지에서 외로움을 달래주던 통기타가 전시되었다. 이어서 자녀분들의 성장과 함께 남겨진 사진들이 시간 순으로 액자에 담겼다. 한쪽에는 아드님과 아버지의 추억이 가득한 낚싯대와 편지들이 함께 전시되고, 중앙에는 반평생 연구하고 일하신 금속, 기계 관련 서적과 자료들이 함께 놓였다. 그 사이에 어머님의 편지글이 한 벽면을 채웠다.

"고희를 맞는 당신에게,

우리가 만나서 내가 졸업할 즈음 길고 긴 편지를 주고받았던 기억이 납니다. 내가 대학을 다니던 20대의 청춘은 '함형'이라고 불리던 당신과의 추억으로 가득합니다. 다소 이른 스물넷에 결혼해 미흡하고 짧은 생각으로 시행착오도 많았지만 아들, 딸이 태어나고 크나큰 기쁨과 행복한 시간들로 서로 의지가 되고 책임감으로 좀 더 성숙해진 계기가 되었던 것 같네요. 당신의 강인함과 강직함, 고집, 깊은 생각, 예술적 감각을 다 이해하지는 못했지만 묵묵히 지켜보는 시간들이었습니다.

이렇게 당신이 일흔이 되어 고희를 맞이하고, 내 나이도 예순이 넘어 돌아보니 우리가 살면서 큰일 없이 지낸 것이 행복이었고, 오늘 이렇게 좋은 날을 맞이한 것이 기적이라는 생각을 하게 됩니다. 이제는 아들, 며느리, 딸 살아가는 것 지켜보고 무탈하기를 기도하며 보내면 될 것 같습니다. 우리의 건강이 허락하는 날까지 멋진 모습으로 지내고 여전히 공부하고 연구하는 당신을 존경하고 사랑합니다."

- 2024년 2월, 현숙

마지막으로 이어지는 방 안에는 아버님의 호처럼 차가운 금속을 만지는 삶 속에서, 균형을 위해 놓치지 않았던 그림들과 서예 글들이 가득 채워졌다. 이날의 전시는 한 사람의 생을 축하하는 자리이자 그와 함께 살아온 모든 세대가 서로의 시간을 바라보는 자리였다. 돌이 한 아이의 첫 장을 여는 전시였다면, 고희는 그 이야기를 완성해가는 아름다운 한 권의 책이었다.

이곳에 놓였던 '장례', '돌', '고희'의 삶의 전시는 각기 다른 이의 다른 모습들이었지만, 모두 같은 마음에서 비롯되었다. 누군가를 사랑했고, 그리워했고, 기억하고자 한 마음이다. 우리는 늘 이 자리에서 묻는다.

"당신의 기억은 어디에 머물고 있나요."

나오며

글을 쓰고 있는 오늘도 새로운 기억들을 만나고 왔습니다.

책을 쓰기 시작한 뒤로, 모리함이라는 이름으로 마주한 이야기들과 의뢰인들의 이름을 하나씩 다시 떠올려보았습니다. 대략 5,000개가 넘는 기억들이었습니다. 그런데도 늘 새로운 이야기 앞에 서면 여전히 설레고, 조심스럽고, 책임감이 듭니다. 어쩌면 그 감정들이 매일 조금씩 자라나 이렇게 더 많은 분들을 만나게 했는지도 모르겠습니다. 함께해 주셨던 모든 인연들에게 진심으로 감사의 마음을 전하고 싶습니다.

언젠가, 표구를 '기억의 방을 내어주는 일'이라 표현한 적이 있습니다. 누군가의 이야기가 머물 수 있는 자리를 만들어드리는 일, 추억을 건축하는 일이라고도 할 수 있겠지요. 실제로 벽에 액자 한 점을 걸고 나면, 그 액자 너머에는 당신의 이야기라는 공간이 열립니다. 그리고 우리는 그 앞에서 한참을 머물고 이야기를 나누게 됩니다. 그런 의미에서 표구는 그 어느 기억 보관법보다 튼튼하고 정성스러운 방법입니다. 그리고 각자가 가진 기억의 방들은 유행처럼 비슷하지 않기에 저마다의 아취를 지닙니다.

우리는 유한한 존재로 찰나의 삶을 살고 있습니다. 이 덧없는 삶을 기쁘게 살아가기 위해, 이 질문부터 시작해볼까요?

'당신의 모리함에는 무엇이 담겨 있나요?'

추천의 글

표구 의뢰를 위해 모리함을 찾아갔을 때, 최나영 대표는 미소로 환대하며 당신에게 소중한 사물의 이야기를 들려주셔서 감사하다고 대화의 운을 뗐다. 그때 알았다. 그는 커다란 귀를 가졌구나. 정중히 들으려는 사람이구나. 물건이라는 말과 사물이라는 말, 소비라는 말과 소장이라는 말의 차이를 깊이깊이 이해하는 자의 고백을 엿본다. '나'의 사물인 어머니의 유품에서 출발해 타인들의 삶으로 연결되고 확장되는 배치 속에서도 그의 너른 품이 읽힌다. 대체불가능한, 유일무이한, 고유한 이야기들을 하나하나 만나다 보면 결국 나에게로 오는 회로가 만들어진다. 나라면, 무엇을 들고 그녀를 찾아갈까. 이 책을 읽는 누구든 자신의 사물, 자신만의 이야기를 발견하게 될 것이다. 그런 의미에서 그녀는 기억의 사원을 지키는 문지기이자 보물찾기의 주최자가 맞다. 이 책을 읽는 동안 도리어 구석구석 나를 살피고 이해하게 되었으니.

— 안희연(시인)

저에게 메달은 단순한 결과물이 아니라, 오랜 시간 쌓아온 땀과 마음의 기록입니다. 그 시간들을 한자리에 담아낸다는 것은 제게 또 다른 의미의 완성이었습니다. 모리함은 단순히 물건을 보관하는 공간이 아니라, 삶의 순간을 존중하고 기억하게 만드는 특별한 방식이라고 생각합니다. 제가 걸어온 길을 표구로 남기며 느낀 건, 그 안에 담긴 시간과 이야기가 다시금 현재로 살아난다는 것이었습니다. 이 책이 많은 분들에게도 각자의 소중한 순간을 아름답게 되새기게 하는 계기가 되길 바랍니다. 기억을 담는 일은 결국, 우리 삶을 더 단단하게 세워가는 일이라 믿습니다.

- 김우진 (양궁 금메달리스트)

마음으로 그리워하는 것을 특별하게 담아내는 '모리함'. 제 모리함에는 제가 평생 어깨에 메고 다닌 가방이 담겼습니다. 용설란의 일종인 카부야 섬유로 짠 중남미 지방의 전통 가방인데, 1984년 코스타리카에서 구매해 40년 넘도록 전 세계 모든 정글을 함께 헤맨 제 삶의 동반자입니다. 여러분의 모리함에는 무엇이 담길까요? 이 책을 읽으며 나만의 추억을 담아보시기 바랍니다.

- 최재천 (이화여대 에코과학부 명예교수, 생명다양성재단 이사장)

본문 인용도서

137쪽   수전 손택 저, 이재원 역, 《사진에 관하여》(이후, 2005), 35쪽
197쪽   박경리 저, 《버리고 갈 것만 남아서 참 홀가분하다》(다산책방, 2024), 85쪽

모리함, 인생을 담아드립니다

초판 1쇄 인쇄 2025년 11월 17일
초판 1쇄 발행 2025년 12월 3일

지은이 최나영
펴낸이 최순영

출판1 본부장 한수미
와이즈 팀장 장보라
편집 선세영
디자인 윤정아

펴낸곳 ㈜위즈덤하우스   **출판등록** 2000년 5월 23일 제13-1071호
주소 서울특별시 마포구 양화로 19 합정오피스빌딩 17층
전화 02) 2179-5600   **홈페이지** www.wisdomhouse.co.kr

ⓒ 최나영, 2025

ISBN 979-11-7171-555-8 03810

- 이 책의 전부 또는 일부 내용을 재사용하려면 반드시 사전에 저작권자와 ㈜위즈덤하우스의 동의를 받아야 합니다.
- 인쇄·제작 및 유통상의 파본 도서는 구입하신 서점에서 바꿔드립니다.
- 책값은 뒤표지에 있습니다.